国家社科基金一般项目

（编号：23BJY217）

U0499648

SHUZI JINGJIXIA ZHONGGUO ZHIZA

QIYE GUOJIHUA KUOZHANG YAN

数字经济下中国制造业
企业国际化扩张研究

石丽静◎著

中国财经出版传媒集团

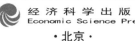
经济科学出版社
Economic Science Press

·北京·

图书在版编目（CIP）数据

数字经济下中国制造业企业国际化扩张研究/石丽
静著 . -- 北京：经济科学出版社，2024. 5. -- ISBN
978 - 7 - 5218 - 5954 - 6

Ⅰ. F426. 4

中国国家版本馆 CIP 数据核字第 2024EU7944 号

责任编辑：宋　涛　姜思伊
责任校对：郑淑艳
责任印制：范　艳

数字经济下中国制造业企业国际化扩张研究

石丽静　著

经济科学出版社出版、发行　新华书店经销

社址：北京市海淀区阜成路甲 28 号　邮编：100142

总编部电话：010 - 88191217　发行部电话：010 - 88191522

网址：www. esp. com. cn

电子邮箱：esp@ esp. com. cn

天猫网店：经济科学出版社旗舰店

网址：http://jjkxcbs. tmall. com

北京季蜂印刷有限公司印装

710 × 1000　16 开　13 印张　200000 字

2024 年 5 月第 1 版　2024 年 5 月第 1 次印刷

ISBN 978 - 7 - 5218 - 5954 - 6　定价：98. 00 元

前　　言

当前，数字经济快速发展，成为重组全球要素资源、重塑全球经济结构、改变全球竞争格局的关键力量。世界各国纷纷将数字经济作为抢抓新一轮科技革命新机遇、构建自身竞争新优势的战略重点。我国以习近平同志为核心的党中央高度重视发展数字经济，强调要"促进数字技术和实体经济深度融合，赋能传统产业转型升级，催生新产业新业态新模式，不断做强做优做大我国数字经济"。在此背景下，我国数字经济规模持续增长，数字基础设施建设成效显著，已成为经济增长的新动能、融合创新的新动力、高质量发展的重要引擎。

党的二十大报告提出，推进高水平对外开放，稳步扩大规则、规制、管理、标准等制度型开放，加快建设贸易强国，推动共建"一带一路"高质量发展。伴随"走出去"战略的实施和推进，中国企业在国际市场的参与度日益提高。在国内市场日趋饱和竞争同质化的挑战下，国际化已经成为中国企业寻求新一轮增长的新动力。我国政府鼓励和支持企业主动"走出去"，通过出口和对外投资等国际化活动，把具有比较优势的产品推向高端市场，以此来增强自身创新能力，优化产业结构，实现经济的稳步增长。在"走出去"的大趋势下，众多中国企业积极发展海外市场。中国企业出口额和对外投资金额的增长，在推动企业开拓国际市场和获取海外先进技术及经验等方面发挥着至关重要的作用。

数字全球化时代，大数据、人工智能和云计算等信息技术的广泛应用使企业的商业模式和战略决策发生根本变化。作为企业的重要战略决

1

策，国际化扩张战略无疑也会受到数字经济的影响。制造业是我国经济发展的基石，也是数字化转型的主体。近年来受到中美科技竞争、新冠肺炎疫情的双重叠加影响，我国制造业产业链、供应链、创新链的稳定受到巨大冲击，部分制造业的国际扩张活动受阻。在此背景下，中国企业国际扩张的驱动因素有哪些？数字经济会对中国制造业企业的国际扩张活动产生何种影响？应如何采取有效措施借助数字技术加快国际化扩张，不断构筑竞争新优势、壮大发展新动能，提升制造业企业的国际竞争力，推动制造业企业高质量"走出去"，成为当前亟待解决的重要问题。

本书在数字经济背景下，结合理论分析和实证研究，探讨中国企业国际化扩张的驱动因素，并从数字新基建和数字金融发展两个方面，考察数字经济对中国制造业企业国际化扩张的影响效应，最后提出提升制造业企业国际化扩张的政策建议。本书的内容，不仅对丰富了数字经济与企业国际化扩张方面的相关研究，还对于数字经济背景下充分利用数字手段激发企业活力，不断构筑竞争新优势，培育具有国际竞争力的世界一流企业，推进开放型经济发展新局面具有一定的参考价值。

本书全稿由石丽静主笔，研究生邢炜烨、郑佳敏参与了第3章中相关数据的收集和整理分析，研究生韩雪婷、黄亚楠参与了第5章和第6章相关文献梳理和指标测度，在此向参与编写的人员表示深深的谢意！另外，在书稿撰写过程中，我们参考和借鉴国内外大量经典著作、论文和报告，在此谨向这些作者表示衷心的感谢！

在书稿整理编纂过程中，我们始终秉承认真、仔细、科学和高度负责的态度，在编辑的帮助下对书稿进行反复修改，但是由于时间紧迫、能力有限，书中难免存在不妥之处，欢迎广大读者批评指正，谢谢！

目　　录

第1章

绪　　论

1.1 研究背景与研究意义

　　数字经济是以数据资源为关键要素，以现代信息网络为主要载体，以信息通信技术融合应用、全要素数字化转型为重要推动力的新经济形态。当前，数字经济快速发展，成为重组全球要素资源、重塑全球经济结构、改变全球竞争格局的关键力量。世界各国纷纷将数字经济作为抢抓新一轮科技革命新机遇、构建自身竞争新优势的战略重点。以习近平同志为核心的党中央高度重视发展数字经济，习近平同志在2021年主持中央政治局第三十四次集体学习时强调要"促进数字技术与实体经济深度融合，赋能传统产业转型升级，催生新产业新业态新模式，不断做强做优做大我国数字经济"。《"十四五"智能制造发展规划》指出，要以新一代信息技术与先进制造技术深度融合为主线，深入实施智能制造工程。2023年中央经济工作会议也明确指出要大力发展数字经济，加快推动人工智能发展。

在此背景下，我国数字经济规模持续增长，数字基础设施建设成效显著，已成为经济增长的新动能、融合创新的新动力、高质量发展的重要引擎。中国信通院发布的《中国数字经济发展研究报告（2023）》显示，中国数字经济规模由 2005 年的 2.6 万亿元扩张到 2022 年的 50.2 万亿元，位居全球第二，数字经济拉动经济增长势头良好，数字经济占 GDP 比重由 2005 年的 14.2% 提升至 2022 年的 41.5%。特别是自 2018 年以来，中国数字经济发展迅猛，数字经济规模持续保持在 30 万亿元上，占 GDP 的比重则高达 34% 以上。与此同时，我国数字基础设施建设日益完善，有力支撑数字经济发展。我国建成全球规模最大、技术领先的信息通信网络，算力规模全球排名第二，累计建设 5G 基站 328.2 万个，实现"市市通千兆""县县通 5G""村村通宽带"。深入实施"东数西算"工程，促进东西部算力高效互补和协同联动，引导通用数据中心、超算中心、智能计算中心、边缘数据中心等合理梯次布局。

党的二十大报告提出，推进高水平对外开放，稳步扩大规则、规制、管理、标准等制度型开放，加快建设贸易强国，推动共建"一带一路"高质量发展。伴随"走出去"战略的实施和推进，中国企业在国际市场的参与度日益提高。在国内市场日趋饱和竞争同质化的挑战下，国际化已经成为中国企业寻求新一轮增长的新动力。我国政府鼓励和支持企业主动"走出去"，通过出口和对外投资等国际化活动，把具有比较优势的产品推向高端市场，以此来增强自身创新能力，优化产业结构，实现经济的稳步增长。

在"走出去"的大趋势下，众多中国企业积极发展海外市场。据中国商务部统计，2022 年，我国对外全行业直接投资 9853.7 亿元人民币，较上年增长 5.2%（折合 1465 亿美元，增长 0.9%）。其中，我国境内投资者共对全球 160 个国家和地区的 6430 家境外企业进行非金融类直接投资，累计实现投资 7859.4 亿元人民币，增长 7.2%（折合 1168.5 亿美元，增长 2.8%），中国已成为世界上名副其实的对外投资大国。① 中国企业出口额和对外投资金额的增长，在推动企业开拓国际市场和获取海外先进技术及经验等方面发挥着至关重要的作用。

在全球经济低迷、发达经济体增速回落背景下，中国对外直接投资继续保持两位数增长，位列世界第二，在全球外国直接投资中的影响力不断扩大，实现"十四五"良好开局，中国在全球对外投资中的地位和作用日益凸显。2002 年以来，中国对外投资流量及存量实现连年递增。其中，2021 年，中国对外投资流量达到 1788.2 亿美元，是 2002 年流量（27 亿美元）的 66 倍之多，2021 年全球对外直接投资流量 1.7 万亿美元，中国对外投资流量占全球比重由 2002 年的 0.5% 提升至 10.5%。②

数字全球化时代，大数据、人工智能和云计算等信息技术的广泛应用使企业的商业模式和战略决策发生根本变化。作为企业的重要战略决策，国际化扩张战略无疑也会受到数字经济的影响。制造业是我国经济发展的基石，也是数字化转型的主体。近年来受到中美科技竞争、新冠疫情的双重叠加影响，我国制造业产业链、供应链、创新链的稳定受到巨大冲击，部分制造业的国际扩张活动受阻。在此背景下，一些亟待解决的重要问题凸显出来，例如，中国企业国际扩张的驱动因素有哪些？数字经济会对中国制造业企业的国际扩张活动产生何种影响？国际化扩张会对企业产生何种经济效应？应如何采取有效措施借助数字技术加快国际化扩张，不断构筑竞争新优势、壮大发展新动能，提升制造业企业的国际竞争力，推动制造业企业高质量"走出去"？

本书在数字经济背景下，结合理论分析和实证研究，探讨中国企业国际化扩张的驱动因素，并从数字新基建和数字金融发展两个方面，考察数字经济对中国制造业企业国际化扩张的影响效应，最后提出提升制

---

① 中华人民共和国商务部. 2022 年我国对外全行业直接投资简明统计 [R/OL]. (2023 - 02 - 13) [2024 - 01 - 23]. http://file.mofcom.gov.cn/article/tongjiziliao/dgzz/202302/20230203384450.shtml.

② 中华人民共和国中央政府. 商务部、国家统计局和国家外汇管理局联合发布《2021 年度中国对外直接投资统计公报》[R/OL]. (2022 - 11 - 08) [2024 - 01 - 23]. http://www.mofcom.gov.cn/article/bnjg/202309/20230903443704.shtml.

造业企业国际化扩张的政策建议。本书的内容，不仅对丰富了数字经济与企业国际化扩张方面的相关研究，还对于在数字经济背景下充分利用数字手段激发企业活力，不断构筑竞争新优势，培育具有国际竞争力的世界一流企业，推动开放型经济发展新局面具有重要指导意义和参考价值。

1.2 主要研究内容

本书以数字经济快速发展作为研究背景，以我国制造业企业为研究对象，以我国数字经济、研发创新和企业国际化扩张的发展特征及趋势为研究起点，深入考察了数字经济下中国制造业企业国际化扩张的驱动因素，数字基础设施和数字金融对制造业企业国际扩张的影响与理论机制，以及国际化扩张对制造业企业带来的经济效应。在此基础上，提出数字经济下中国制造业企业国际化水平提升的政策建议。研究的主要问题如下：

第一，回顾和整理数字经济和企业国际化扩张方面相关国内外文献，并进行文献评述，引出本书的研究意义和创新之处。

第二，数字经济、研发创新与企业国际化扩张的典型事实分析。主要通过统计分析法、比较分析法，考察我国在数字经济和研发创新以及国际化扩张方面的发展趋势，并与世界主要国家进行对比分析。

第三，研究数字经济下中国制造业企业国际化扩张的驱动因素。主要从母国知识产权保护和创新能力两个方面，考察其对制造业企业国际化扩张的驱动效应和作用机制。

第四，基于国泰安的中国上市公司数据、万得的企业国际化经营数据和各省市的数字基础设施发展指标，以中国上市公司为研究对象，分析数字基础设施建设对制造业企业国际化扩张的作用效果、理论机制及异质性，并提出政策建议。

第五，基于国泰安的中国上市公司数据、万得的企业国际化经营数据以及北京大学数字金融研究中心公布的数字金融发展指数，以中国制造业上市公司为研究对象，探讨数字金融对企业国际化扩张的影响，并进一步考察这种影响的行业差异和地区差异，最后提出建议。

第六，从政府和企业管理者角度提出推动数字经济发展，增强企业竞争优势，推动企业高质量走出去的思路和政策建议。

1.3 研究思路与研究方法

1.3.1 研究思路

全书共7个章节。其中，第1章绪论，主要阐述文章的研究背景和研究意义，介绍本书的主要研究内容、框架结构及主要研究方法，并提出本书的创新之处。第2章文献综述，就数字经济与企业国际化扩张方面的国内外相关文献进行整理、总结和评述。第3章是典型事实分析，主要考察我国数字经济发展、研发创新与中国制造业企业国际化扩张的现状与演进趋势，基于最新数据，对上述情况的发展状况进行统计描述和事实分析。第4章、第5章和第6章是本书的主体部分。其中，第4章主要从研发创新和母国知识产权保护两个方面考察企业国际化扩张的驱动因素；第5章选择数字经济下的新型数字基础设施作为切入点，考察了新型数字基础设施对制造业企业国际化扩张的影响及理论机制，并进一步探讨这种影响效应的异质性；第6章选择数字经济下的数字金融作为切入点，考察城市数字金融发展对制造业企业国际化扩张的影响及理论机制，并对影响的异质性进行深入探讨。第7章是数字经济下中国制造业企业国际化水平提升的政策建议。具体的研究框架结构见图1-1。

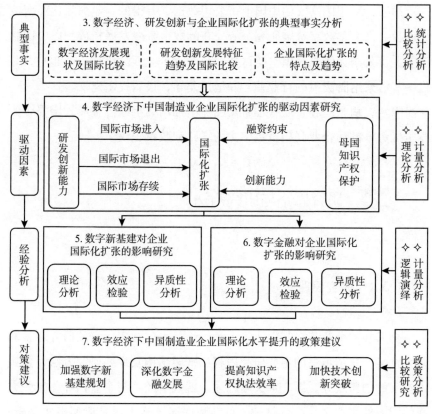

图 1-1　研究框架与思路

1.3.2　研究方法

在研究方法上，本书主要采用经济学中传统的定性分析与定量分析相结合的方法，首先基于已有的理论基础，进行理论分析，并提出理论假设。其次基于企业层面和地区层面的数据，通过实证分析对提出的理论假说进行验证。最后是对影响机制的分析并得出研究结论。研究中采用的主要方法如下：

1. 文献分析法

本书首先对数字经济与企业国际化扩张方面相关国内外文献进行认真

梳理，并对国内外相关文献的研究进展进行归纳和总结，从中得出已有研究的不足，进而引出本书研究的切入点，明确本书研究主题的新颖之处。

2. 面板数据的 Tobit 模型

本书采用面板 Tobit 模型来考察母国地区知识产权保护对企业国际化深度的影响。面板 Tobit 模型是归并回归（censored regression）的一种，适用于被解释变量被压缩到某一点上的情况，例如，被解释变量 $Y_{it} > = C$，使得所有 Y_{it} 都被归并到 C。在研究母国知识产权保护对企业国际化影响时，由于被解释变量是企业国际化程度，该变量非负，为大于 0 的受限变量，若采用传统的线性方法对模型直接进行回归可能会产生有偏估计，故本书在回归中采用面板 Tobit 模型。

3. 面板数据的 Probit 模型

关于企业国际化扩张的驱动因素的研究中，本书采用面板数据的 Probit 模型考察了创新能力对企业国际市场进入的影响。面板数据的 Probit 模型是面板二值选择模型（binary choice model for panel data）的一种，适用于面板数据中，被解释变量为虚拟变量的情形。为了考察创新能力对企业国际化动态的影响，我们在已有文献基础上，将创新变量纳入企业国际化决策模型之中，分别建立研究企业国际市场进入决策和企业国际市场退出决策的 Probit 模型，具体如下：

$$P(\text{Oversea\_enter}_{it} = 1) = \Phi(\alpha + \beta \text{Innovation}_{it-1} + \gamma Z_{it-1} + \mu_j + u_t + \varepsilon_{ijt})$$
$$(1.1)$$

$$P(\text{Oversea\_exit}_{it} = 1) = \Phi(\alpha + \beta \text{Innovation}_{it} + \gamma Z_{it} + \mu_j + u_t + \varepsilon_{ijt})$$
$$(1.2)$$

其中，i 代表企业，t 代表年份，j 代表行业。式（1.1）中，被解释变量 $\text{Oversea\_enter}_{it}$ 为企业国际市场进入的虚拟变量，当企业 i 在第 t 年的海外市场销售额大于 0 时，取值为 1，表明企业当年进入国际市场，反之为 0。核心解释变量 Innovation_{it-1} 代表企业创新指标，Z_{it-1} 为控制变量，包括企业年龄、企业规模、融资约束、资产报酬率等企业异质性的影响。μ_j、u_t、ε_{ijt}分别代表行业效应、时间效应及随机误差项。式（1.2）中，被解释变量$Oversea\_exit_{it}$为企业国际市场退出的虚拟变量，当企业 i 在第 t + 1 年的海外市场销售额为 0 时，取值为 1，表明企业下一年退出国际市场，反之为 0。其他变量的含义同式（1.1）。

4. 主成分分析法

主成分分析法（principal component analysis，PCA），旨在利用降维的思想，把存在相关关系的多个指标转化为少数几个互不相关的综合指标，使得每个综合指标均能反映原始指标的大部分信息且互不重复。在本书第 4 章中，为了全方位、多角度地考察地区知识产权保护水平，我们选取了人均专利申请量、人均专利授予量、知识产权未被侵权率、知识产权执法结案率四个指标来构建各省的知识产权保护水平。由于上述四个指标反映了各省知识产权保护的不同方面，而且存在较强的相关关系，为此，我们采用主成分分析法将上述四个指标合成一个反映地区知识产权保护水平的综合性指标，以期更加准确全面地测度我国各个省份的知识产权保护水平。

5. "典型化事实"分析方法

现状分析是计量分析的基础。本书对中国数字经济发展、研发创新与企业国际化扩张的发展特征趋势进行详细的统计描述。归结起来，当前我国在数字经济发展、研发创新与企业国际化扩张方面的特征主要表现为：数字经济规模稳步增长，数字基础设施覆盖范围持续扩张，我国创新水平和创新能力逐步增强，创新结构不断完善，我国企业的国际化程度显著提升，"走出去"规模迅速增大，对外投资的所有权结构不断优化。

1.4 研究特色与不足之处

通过梳理和总结已有的国内外相关文献，本书研究的特色主要体现

在以下几个方面：

第一，研究内容新颖。目前，已有大量国内外文献从宏观层面就数字经济的整体影响以及数字技术、新型数字基础设施、数字金融、数字化转型等对经济增长、经济高质量发展以及收入分配的影响进行深入考察，也有不少文献从微观层面就数字经济对企业创新、企业生产率、进出口等方面的影响进行研究，但鲜有文献从数字经济下的新型数字基础设施、数字金融发展等细分层面出发，考察其对企业国际化扩张的影响效果及理论机制。因此，本书第5章和第6章分别考察了新型数字基础设施建设和数字金融发展对当地企业国际化扩张的影响，丰富了数字经济与企业国际化方面的相关研究。

第二，研究视角新颖。已有研究主要基于东道国的视角，探讨东道国的知识产权保护对企业对外投资或出口的影响。母国的知识产权保护是新兴经济体企业国际化进程中重要的制度驱动因素，但鲜有文献从母国视角进行分析。因此，本书第4章基于母国知识产权保护的视角，就新兴经济体国家企业所在地区的知识产权保护如何影响企业的自身优势，进而影响其国际化进程进行考察。研究视角比较新颖，也在一定程度上拓展和丰富了已有的相关研究。

第三，将母国知识产权保护的地区差异纳入研究中。已有研究主要在国家层面测算知识产权保护水平，而忽略知识产权保护的地区差异，对于以中国为代表的新兴经济体国家而言，地区间制度发展的不平衡性和差异性是其典型特征，若依旧采用国家层面的知识产权保护指标，不仅会低估一国内部的地区知识产权保护力量，也会低估企业在本土获取知识进而海外扩张的能力和优势。因此，本书通过构建省级层面的知识产权保护指标，研究知识产权保护对企业国际化的影响，以便更好地理解新兴经济体企业国际化进程。

第四，关于企业国际化动态的研究内容比较新颖。企业的国际化动态是指潜在进入企业的国际市场进入、在位企业的国际市场退出以及企业在国际市场上的存活。已有相关研究认为创新是增强企业出口绩效的潜在因素，会对企业的出口决策及出口强度产生影响。而出口仅是企业国际化的一个早期阶段，企业国际化进程不仅包含出口还包括对外直接投资，基于此，本书综合出口和对外直接投资两个方面，考察创新能力对企业国际市场进入、国际市场退出及国际市场存续的影响，丰富了企业国际化的相关研究。

第五，创新能力对企业国际市场进入的影响存在一定的差异性。例如，中国一些企业虽然研发创新能力较低，但最后却成功地进入了国际市场，与已有研究主要关注企业自身的特定能力不同，本书认为创新能力对企业国际市场进入的影响并非统一，而是与自身的制度因素及企业所在地区的制度环境有关。因此，研究中选取地区知识产权保护和所有权这两个不同层面的制度因素，考察其在创新能力和国际市场进入关系中的调节作用，这是对已有文献的扩展和补充。

此外，鉴于中国知识产权保护水平度量的复杂性，中国企业国际化进程的独特性，以及部分企业层面数据的可得性和完整性，本书在研究中可能存在一些不足，有待进一步研究和解决，具体如下：（1）可能存在的内生性问题是实证研究中需要考虑和解决的主要难点问题。研究中通过采用面板数据的相关计量模型，回归中将所有被解释变量滞后一期，寻找工具变量采用工具变量的最小二乘方法等来尽量解决潜在的内生性问题。（2）考虑到数据的可获得性，在企业国际化程度、企业国际化动态的研究中，主要采用上市公司数据，以中国上市公司为研究对象进行考察，这使得许多非上市公司的国际化问题未能得很好的探究，研究结论对中国非上市企业是否成立有待进一步考察，这是文章的局限性所在。未来我们将进一步就工业企业数据库、海关数据库和对外投资名录等数据库进行整合，以便得到更大样本量的企业层面数据，更全面地考察中国企业的国际化问题。

第2章

文 献 综 述

2.1 数字经济相关研究

数字经济是以数字化的知识和信息作为关键生产要素，以数字技术为核心驱动力量，以现代信息网络为重要载体，通过数字技术与实体经济深度融合，不断提高经济社会的数字化、网络化、智能化水平，加速重构经济发展与治理模式的新型经济形态。近年来，关于数字经济的相关研究层出不穷，与本书主题相关的研究主要从新型数字基础设施建设和数字金融两个方面展开。

2.1.1 新型数字基础设施建设相关研究

1. 数字"新基建"的内涵与测度

2018 年中央经济工作会议首次提出数字"新基建"概念，指出要应"加快 5G 商用步伐，加强人工智能、工业互联网、物联网等新型基础设施建设"。2022 年 12 月出台的《扩大内需战略规划纲要（2022—2035 年)》从"加快建设信息基础设施、全面发展融合基础设施、前瞻布局创新基础设施"等方面对新型基础设施系统布局。随着中央相关会议中密集提到新基建，关于新基建的学术研究日益增加。李晓华（2020）认为，新型基础设施是以数字技术为核心、以新兴领域为主体、以科技创新为动力、以虚拟产品为主要形态、以平台为主要载体的基础设施，主要包括数字创新基础设施、数字的基础设施化、传统基础设施的数字化三大类型。中国工程院院士张平认为 5G 基站、IDC 数据中心等数字基础设施是"新基建"的核心（邓聪，2020）。中国信通院院长刘多认为新型基础设施以新一代信息技术和数字化为核心形成的新型基础设施，主要包括由信息网络融合创新演进形成的新型数字基础设施（如 5G、工业互联网、卫星互联网、物联网、数据中心、云计算等）和信息技术赋能传统基础设施转型升级形成的新型基础设施（如智能交通基础设施、智慧能源基础设施等)（黄舍予，2020）。

新型基础设施是以信息网络为基础，为经济高质量发展提供数字转型、智能升级、融合创新等服务的基础设施体系。其中，新型数字基础设施是新型基础设施的基础构成与核心要素，其主要服务于数字经济发展，有助于 5G、人工智能、大数据、物联网、云计算和区块链等数字技术的融合创新和场景化应用，具有与制造业发展融合相长的最佳结合点（钞小静等，2020）。

关于数字新基建的测度方面，国家发展和改革委员会将数字新基建划分为信息基础设施、融合基础设施和创新基础设施。伍先福等（2020）、霍春辉等（2023）基于该划分方法，从信息基建、融合基建和创新基建三个维度对新基建的投资水平进行测度。其中，信息基建用信息传输、软件和信息技术服务业固定资产投资水平来近似衡量；融合基建主要是指"传统基建"的数字化转型，用"传统基建"乘以"传统基建"与企业数字化的融合系数进行测度，传统基础设施建设包括电力、热力、燃气及水的生产和供应业，交通运输、仓储和邮政业，水利、环境和公共设施管理业等三大产业；创新基建，主要涉及科技创新和公共服务，用科学研究和技术服务业、卫生和社会工作的固定资产投资水平来测度；新基建衡量各地区数字新基建的总体发展水平，是由信息基建、融合基建、创新基建加总而成。

2. 数字新基建的经济效应

关于数字新基建的经济效应，通过梳理相关国内外文献，可以发现已有研究主要从宏观、中观、微观三个层面来进行分析。

宏观层面，已有文献主要探讨数字新基建与经济增长（阴琰，2020；姜卫民等，2020）、经济高质量发展（王帅、周明生，2018；王炜、张豪 2018）之间的关系，以及数字新基建对经济高质量发展的空间溢出效应（李海刚，2022）。相关研究发现，数字新基建为新产业发展提供新动能，通过推动新技术和新消费发展、开拓新的消费市场（阴琰，2020），显著促进经济增长（姜卫民等，2020）。特别是数字新基建中的信息基础设施，其对经济高质量发展和产业集聚具有显著的促进作用，能够显著促进区域经济高质量发展，也有研究认为数字新基建与经济高质量发展之间存在显著空间关联性和空间异质性，并呈现"H－H"与"L－L"集聚态势（李海刚，2022）。

中观层面，已有文献主要探讨数字新基建对产业经济发展的影响效应，认为数字新基建不仅有助于提升产业技术创新能力、推动产业结构转型升级（何玉梅、赵欣灏，2021；袁航，2022；李斯林等，2023），还可以通过一系列复杂的产业关联与传导机制，增强内经济投资供给，激发消费新需求，进而带动整个行业产业链的发展（钞小静等，2021）。郭凯明等（2020）指出新型基础设施投资在供给侧推动产业内资本和劳动的替代与产业间制造品和服务的替代，在需求侧拉动服务业相对制造业的需求，最终在供需两侧同时促进产业结构转型升级。

微观层面，钞小静等（2021）采用 2004～2018 年我国 283 个地级市的爬虫数据和手工收集的制造业上市公司数据，考察了新型数字基础设施对制造业高质量发展的影响，发现新型数字基础设施能够显著促进制造业高质量发展，其主要通过升级生产制造、改善市场匹配两条渠道推动制造业高质量发展。余萍、徐之琦（2023）考察了数字新基建对战略性新兴产业绿色技术创新的影响，发现数字新基建能通过促进知识共享与增加绿色金融扶持等途径，有效推动战略性新兴产业绿色技术创新水平的提升。

2.1.2 数字金融相关研究

1. 数字金融的内涵与特征

国务院于 2022 年印发的《扎实稳住经济的一揽子政策措施》提出数字金融作为金融创新与科技创新叠加融合形成的一种高级金融形态，在稳定经济大盘以及实现经济增长中发挥着重要作用。作为金融业数字化创新的产物，数字金融成为一种结合数字技术和金融产业的新型金融业态，其通过数字技术赋能，能够推动传统金融市场服务的迭代更新，并能有效缓解信息不对称所造成的传统金融服务潜在的信贷资源错配问题，为提高金融资源配置效率提供了基础。

随着通信技术和电子商务的快速发展，中国数字金融快速发展（黄益平、黄卓，2018）。作为一种结合智能算法、大数据和云计算等数字技术和金融产业的新型金融业态，数字金融可以克服传统金融对物理网点的依赖，具有更大的地理穿透力和低成本优势。而且数字金融能够通过提升金融拉动力、缓解信息不对称提高金融服务的触达能力和服务深度（刘长庚等，2022），助力实现普惠金融。例如，快速发展的移动互联网和移动支付，为推动广大欠发达地区普惠金融服务水平的提升创造条件（焦瑾璞，2014）。

在考虑数字普惠金融特征的基础上，结合蚂蚁集团所提供的海量微观数据，郭峰等（2020）合作编制了中国 31 个省（自治区、直辖市）、337 个地级以上城市以及约 2800 个县（县级市、旗、市辖区等）三个层级的数字普惠金融指数，该指标包含数字金融覆盖广度、数字金融使

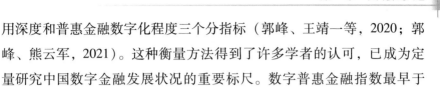

用深度和普惠金融数字化程度三个分指标（郭峰、王靖一等，2020；郭峰、熊云军，2021）。这种衡量方法得到了许多学者的认可，已成为定量研究中国数字金融发展状况的重要标尺。数字普惠金融指数最早于2016年发布第一期（涵盖2011～2015年的指数），目前最新的是2023年发布的第五期数据，涵盖2011～2022年的指数。

2. 数字金融的经济效应

作为一种依托智能算法、大数据和云计算等数字技术的新型金融业态，数字金融受到国内外学者的广泛关注，相关研究可以划分为宏观和微观两个层面。

宏观层面，相关研究主要考察了数字金融对经济发展、经济增长（Anand and Chhikara，2013；Banna，2020；张勋等，2019；徐伟呈等，2022）、经济高质量发展（李三希、黄卓，2022；姜松、周鑫悦，2021；张高明等，2024）及收入分配（李牧辰等，2020；宋晓玲，2017）的影响。例如，郑金辉等（2024）利用2011～2021年中国284个城市的面板数据，基于经济规模和质量的视角探讨了数字金融对区域经济增长的影响，发现数字金融对区域经济增长的作用存在差异，对经济规模型增长的作用程度大于经济质量型增长。张高明等（2024）采用2011～2021年各省级经济高质量发展指数，从双创视角研究考察数字金融对经济高质量发展的影响效果及机制，发现数字金融对经济高质量发展有明显的推动效应，并且创新效应、创业效应发挥着重要的机制作用。李牧辰等（2020）从金融排斥理论和金融功能视角就数字普惠金融对中国城乡收入差距的影响进行研究，发现中国数字普惠金融的发展总体上缩小了我国的城乡收入差距，但主要体现为覆盖广度和使用深度带来的影响，数字化程度则扩大了城乡收入差距。宋晓玲（2017）、陈斌开、林毅夫（2012）也发现数字普惠金融可以改善收入分配。

微观层面，相关研究主要从居民消费（易行健、周利，2018；何宗樾、宋旭光，2020）、创新创业（诸竹君等2024；谢绚丽等，2018；万佳彧等，2020）、金融需求（唐松等，2020）、制造业服务化（Chen and

Zhang，2021）方面考察了数字金融发展的经济效应。例如，诸竹君等（2024）采用中国工业企业创新调查和数字普惠金融指数数据，通过实证研究发现数字金融通过正向的成本节约效应、人力资本匹配效应、技术溢出效应和负向的行业竞争效应，显著提升了制造业创新数量和创新质量，且高创新效率与低劳动生产率的企业倾向于实施突破式创新。陆凤芝等（2023）采用2011～2019年中国283个地级及以上城市的面板数据，系统深入地分析了数字金融对绿色高质量发展的影响效应及作用机制，发现数字金融能够显著促进绿色高质量发展，并且这种促进作用在东部地区显著高于中西部地区。

2.2 企业国际化扩张相关研究

2.2.1 企业国际化的内涵及测度

目前，关于企业国际化，学术界尚未达成统一认识。弗农（Vernon，1966）根据美国企业的对外投资实践，提出国际产品生命周期理论，把企业国际化看作一个渐进的过程：早期阶段，具有技术垄断优势的企业会通过产品出口来满足其他国家的需求，随着产品生命周期的演变，生产日趋标准化，成本代替技术在竞争中发挥越来越重要的作用，厂商会将生产转移到具有成本优势的国家，企业的国际化程度随之加深。约翰森和瓦尔尼（Johanson and Vahlne，1977）建立企业国际化过程的重要模型，认为国际化是企业逐步获取、整合和充分利用国外市场的经营知识，并逐步提高对海外市场承诺的连续发展过程。杨等（Young et al.，1989）基于企业跨国经营方式的角度，指出企业国际化包括出口、对外直接投资、技术许可和特许经营等。

在战略管理领域，企业国际化被认为是在面临国内生产趋同、市场饱和以及海外产品的冲击下，企业被迫开展出口、对外直接投资等跨国经营活动，向国际市场寻求发展的竞争新优势，谋取更多经济利益的必然选择。巴伦（Baron，1995）认为企业国际化是指企业随时间的变化，向海外市场寻求有利的资源，不断改善自身资源状况、成本劣势、制度困境等因素的影响，逐渐强化跨国经营承诺的渐进持续性发展过程。希特等（Hitt et al.，1997）指出企业国际化是企业运营市场多样化的一种战略，产品的研发活动、制造和销售等运营活动跨越国家边界都属于国际化。约翰森和瓦尔尼（Johanson and Vahlne，2009）则将企业国际化看作一个动态的演进过程，企业持续性地逐步获取、整合和利用海外市场的技能、知识和生产经验，优先选择进入地理距离较近的海外市场，进而逐渐拓展到越来越广泛的市场。赫尔普曼（Helpman，2014）在回顾性文献评论中突出强调，微观企业满足国外市场需求的方式不仅包括出口贸易，还应该包括对外直接投资（OFDI）等模式。

伴随经济全球化和跨国公司的快速发展，关于企业国际化的新理论、新成果不断涌现，企业国际化被进一步细化为国际化范围、国际化节奏和国际化速度三个维度（Luo et al.，2002）。其中，国际化范围，是指企业海外经营所涉及的地理分布范围（Kafouros and Buckley，2008），包括企业产品或服务进入哪些国家、在哪些地区开展对外直接投资等，除了空间上的地理分布外，国际化范围还包括企业所在东道国的文化、制度、心理距离等其他因素（Luo et al.，2002）。国际化节奏，是指企业国际化过程的规律性，如特定时间内企业出口、对外直接投资、新建海外子公司的数量趋势等，表现出"连奏"或"断奏"的不同规律的国际扩张模式。国际化速度，则需要综合考量"时间""距离"等多方面的因素，如王益民等（2017）、詹内蒂等（Giannetti et al.，2015）分别从时间的连续性和距离的长短考察企业对外直接投资的速度差异。

综合已有文献对企业国际化的理解，可以发现：无论是静态衡量企业进入海外市场的网络特征还是动态描述企业国际经营的轨迹，国际化水平主要刻画的是企业海外扩张过程的承诺水平，企业开展的一系列跨越国界的国际经营活动都可以称为是企业的国际化行为。基于此，本书将企业国际化定义为：企业的研发、生产、销售等运营活动跨越国家边界进入海外市场的行为，出口和对外直接投资是企业国际化的两种主要形式。

企业国际化的测度方面，多数学者从静态角度考察，将国际化水平看作一个存量的概念，用企业海外收入占总收入的比重、海外利润占总利润的比重、海外子公司数量占总公司数量的比重以及海外员工占总员工数量的比重等静态指标，来测度企业开展跨国经营活动的程度。菲斯（Fiss，2011）进一步将企业国际化划分为国际化广度和国际化深度。其中，国际化深度主要衡量企业在特定海外市场的要素投入程度，用海外销售额占比、海外机构占比、海外研发或广告支出占比来衡量；国际化广度主要衡量企业海外业务的市场范围，通常用企业海外市场的数量来衡量。

罗等（Luo et al.，2002）结合静态和动态角度，用国际化范围、国际化节奏和国际化速度三个细化维度来衡量企业国际化扩张。其中，国际化范围用于描述企业涉外业务的广泛程度，以海外市场（国家或地区）的数量来测度；国际化节奏刻画了企业国际经营活动的连续性，分为"连奏"和"断奏"两种，以企业海外收入增长率的波动幅度来测度；而国际化速度则以企业海外收入的平均增长率来测度。

2.2.2 企业国际化的相关理论

关于企业国际化的理论研究主要基于国际商务和国际经济学两个视角。在国际商务领域，关于企业国际化的理论不仅包括垄断优势理论、内部化理论和国际生产折衷理论等传统的对外直接投资理论，还包括资源基础观（resource-based view）和制度基础观（institution-based view）以及数字经济时代企业国际化的新 OLI（Ownership Local Internalization

Location）范式等理论观点。在国际经济学领域，相关研究主要基于新古典贸易理论、新贸易理论和新新贸易理论等理论框架，包括垂直型国际直接投资理论、水平型国际直接投资理论和知识资本模型等理论观点。

1. 国际商务领域

垄断优势理论（Monopolistic Advantage Theory），由海默（Hymer，1976）提出，主要基于厂商垄断竞争原理，探究了跨国公司进行海外投资的原因。该理论认为跨国公司若想进行海外投资，并与东道国同类企业进行有效的竞争，必须在生产技术、管理经验和销售技能等方面具有一定的垄断优势，否则由于海外投资存在额外成本，企业将很难获取超额利润并在东道国长期存续下去。

内部化理论（Internalization Theory），主要由巴克利（Buckley）、卡森（Casson）等为代表的西方学者提出。该理论主要基于跨国公司进行生产经营的交易成本，认为市场的不完全性以及科技信息和营销知识等中间产品价格的不确定，造成市场交易的成本过高。若企业通过建立海外分公司，将一些中间产品的生产和交易转入企业内部，用企业内部的管理机制代替外部市场机制，并通过管理手段协调内部资源配置，则有助于降低企业的市场风险和交易成本，使企业具备跨国经营的内部化优势。

国际生产折衷理论（The Eclectic Theory of International Production），由英国学者邓宁（Dunning）提出。该理论认为企业需具备所有权优势（Ownership）、区位优势（Location）和内部化优势（Internalization）三种优势，才能进行有利的对外直接投资活动。因此，该理论又被称为OLI 模式。具体而言，所有权优势是指企业拥有的国外企业所无法具备的特定优势，包括技术、品牌、资本、规模经济、组织管理能力等优势，这是企业进行对外直接投资的基础。区位优势是指跨国公司进行区位选择时，可供投资地区在市场规模、资源禀赋、运输成本、政府政策等方面所具有的优势，这是企业在东道国发挥自身所有权优势的外在条件。内部化优势是指企业为避免不完全市场给自身所带来的影响，通过对外直接投资的方式，将其拥有的特殊工艺技术等资产加以内部化，从而使其在国际生产体系中继续保持自身所拥有的所有权优势，换言之，内部化是企业在海外实现自身所有权优势的路径。

资源基础观，强调企业所拥有的资源对提高企业绩效、获得持久性竞争优势的独特价值。这些资源包括技术、能力、组织、信息、知识等要素，往往具有价值性（Valuable）、稀缺性（Rare）、不易模仿性（Imperfectly Imitable）、不易替代性（Non - Substitutable）等特征。资源基础观认为，拥有战略资源的企业进行海外扩张，不仅可以充分利用自身资源在海外寻租，还有助于降低跨国经营的高成本、高风险，进而实现生产经营的合理化。

制度基础观，以制度经济学理论和交易成本经济学理论为基础，认为企业活动会受到社会规范、标准、认知结构和活动等制度的引导和影响（Scott，1995）。因此，企业国际化的动因不仅仅是为了实现经济最优和战略合理性，还会受到政治、法律、社会制度及政治背景的影响（Oliver，1997）。企业需要保持内部惯例和外部环境的统一，以实现组织的合法性（洪俊杰等，2012）。在企业国际化方面涉及的制度主要有三个视角：一是母国视角，探讨母国制度因素对企业国际化行为的影响；二是东道国视角，研究东道国的制度质量对企业国际化活动的影响；三是母国与东道国制度差异的视角，认为母国与东道国的制度距离是影响企业国际化活动的重要因素。

随着数字全球化的快速发展，传统的国际商务理论难以完全解释数字全球化下越来越多的数据、信息和知识的全球流动，学者们开始探索适用于数字全球化下的国际商务理论。罗（Luo，2021）提出数字经济时代企业国际化的新 OLI 范式，将以往仅包含地理位置层面的"位置分析"拓展至包含技术、社会、认知或制度层面的"空间分析"。罗（2021）指出企业通过数字技术应用可以获得开放式资源优势（open resource）、联结优势（linkage）和整合优势（integration）三种新的竞争优势，这些优势与传统 OLI 范式中的所有权优势（ownership）、区位优势（location）和内部化优势（internalization）相辅相成，共同推动企业的国际化进程。新 OLI 范式为数字全球化下企业的国际化战略行为提供一个新的理论视角。

2. 国际经济学领域

国际经济学领域，相关研究主要基于新古典贸易理论、新贸易理论和新新贸易理论等理论框架，包括垂直型国际直接投资理论、水平型国际直接投资理论和知识资本模型等理论观点。

基于新古典贸易理论框架的垂直型国际直接投资理论。赫尔普曼（Helpman，1984）在要素禀赋理论模型的基础上，加入跨国公司，提出垂直型国际直接投资理论。该理论认为，企业在国际化生产过程中，应充分利用各国的要素禀赋差异，选择不同生产阶段所需要素的相对成本最低的区位进行生产。

基于新贸易理论框架的水平型国际直接投资理论。库森（Markusen，1984）基于不完全竞争、规模经济和生产差异化等因素，建立水平一体化模型，提出水平型国际直接投资理论。所谓水平型直接投资，是指跨国公司在经济发展水平相似的多个国家之间同时进行同种商品的生产，并在当地销售，其主要目的在于服务东道国当地市场。

知识资本模型。库森（Markusen，2002）通过整合垂直型国际直接投资理论和水平型国际直接投资理论，创立知识资本模型。知识资本包括研发、管理、营销等知识性资产。在该模型下，企业既可以选择垂直一体化投资，也可以选择水平一体化投资，甚至同时进行两种生产经营模式。

除了上述理论外，赫尔普曼等（Helpman et al.，2004）以企业异质性理论为基础，探讨了企业生产率和国际化策略之间的关系，发现生产率较低的企业仅在国内生产，生产率最高的企业会选择海外直接投资来服务国际市场，而生产率居中的企业则会选择通过出口来参与国际市场。

综上所述，国际化的核心是企业，国际商务领域与国际经济学领域关于企业国际化的理论各有侧重又相互补充，但主要是以发达国家为研究对象。而以中国为代表的新兴经济体国家，则往往不具备上述理论所提到的知识资本、所有权优势、完善的制度环境等，因此，需要结合包括中国在内的新兴经济体的特征，整合并拓展相关理论，进而深入剖析新兴经济体企业的国际化行为。

2.2.3 企业国际化扩张的动因

已有文献主要从获取市场资源、学习技术知识和制度三个方面来考察企业国际化扩张的动因。

在获取市场资源方面，国外的市场机遇是吸引企业开展跨国经营的一大动因（Ellis, 2007）。进入国际市场不仅有助于企业获取更多廉价原材料、劳动力以及稀缺资源，降低生成运营成本（Buckley et al., 2007），还有助于企业获得远大于国内市场的机会和市场份额，扩大销量，发挥规模经济，增强企业竞争力。此外，企业进入国际新市场后，市场需求会得到增长，市场资源也愈加丰富（Buckley et al., 2007），这些有利于企业开展研发创新等活动，增强核心竞争力，进一步激发企业积极开辟国际新市场。

在学习技术知识方面，获取国外先进的知识、技术与管理经验是企业进行国际化扩张的重要原因（Yamakawa et al., 2008）。很多学者认为学习过程伴随企业国际化过程始终。由于知识具有隐性特点，只有通过具体的实践才可以有效掌握，所以企业只有通过进入东道国，在东道国市场进行生产运营等活动，增加直接接触这类知识的机会才能更好地学习并掌握其中隐性的成分。与单纯的国内企业相比，国际化的企业可以接触到其他市场的技术知识库，从而更容易增加企业自身的知识量并进行整合学习，达到促进企业创新的效果，这也促使其必须进行国际化经营。

在制度方面，已有研究认为企业国际化扩张会受到母国制度的影响。相关研究主要分成两种观点：

（1）制度逃逸论。支持制度逃逸论的学者认为，新兴经济体企业海外扩张主要是因为其在国内所面临的制度缺陷和市场低效（Luo and Tung，2007；Mathews，2006），包括腐败、歧视、政府干预等问题（Witt and Lewin，2007；Yamakawa et al.，2008）。由于新兴经济体国家缺乏支持市场发展的制度和充分的法律框架（Chen and Wu，2011），许多本土企业便将国际化作为获取战略资源和规避国内制度缺陷的一种战略选择（Lu et al.，2011；Mathew，2006）。例如，罗和董（Luo and Tung，2007）提出跳板理论，认为新兴经济体企业将海外扩张作为一个跳板来获取战略资源，降低制度缺陷，克服在全球竞争中的后来者劣势。威特和勒温（Witt and Lewin，2007）指出，母国的制度缺陷会刺激企业进行对外直接投资，因为企业意识到自身需求和制度条件的错配，从而逃离母国。史等（Shi et al.，2017）认为，新兴经济体企业通过对外投资的方式逃离母国的制度是因为制度的脆弱性，即制度的各个维度没有同步协调发展，从而在制度发展的过程中造成了内部矛盾。

（2）制度促进论。与制度逃逸论的观点不同，支持制度促进论的学者认为，母国制度为企业国际化提供了动力和诸多支持（Hitt et al.，2004）。制度向市场经济方向发展得越好，越有助于减少政府干预，促进契约的执行，降低交易成本，增加市场有效性，进而推动新兴经济体企业扩张到全球市场。罗等（Luo et al.，2010）指出，中国、印度和巴西等新兴经济体国家对外直接投资的急剧增加，部分是由于母国政府采取鼓励本土企业走出去的支持举措。例如，中国财政部为鼓励中小企业参与国际竞争建立发展资金，这些政策弥补了新兴经济体企业的竞争劣势，增加其国际竞争力，使其能够更好地与来自发达国家的富有经验的企业进行竞争。高等（Gao et al.，2010）认为，除了企业资源和行业要素外，制度力量也会显著影响中国企业的出口行为。陆等（Lu et al.，2009）通过实证研究发现，企业所在地的制度环境越好，企业的出口倾向就越高。除了上述两种观点外，还有学者从非正式制度的角度考察企业合法性获取问题。山冈等（Yamakaw et al.，2008）指出企业通过进入国际市场，与国际上较有威望的企业进行合作，或者在发达国家占有市场份额、拥有子公司，可以弥补其在国内合法性的不足，增加国内社会认同感，提高在国内的合法性。

2.2.4　企业国际化扩张的影响因素

已有研究认为，企业国际化扩张主要受到外部环境和自身创新能力两个层面因素的影响。

外部环境包括母国和东道国的制度环境、法律环境、政策环境等。根据国际生产折衷理论，企业参与国际经营的活动是企业将自身特定的垄断优势与东道国的区位、资源优势相结合的过程，东道国的外部环境是影响企业国际化方式的重要因素。一国的制度环境越好，政策体系越完善，越有助于增强其对海外资本的吸引力。李林等（2019）认为企业海外研发意愿会受到东道国制度质量影响，东道国制度质量越高，意味着当地的技术制度条件愈加稳定，越有利于企业将其作为海外研发的网络节点。房帅等（2020）通过研究发现东道国经济、政治、法律环境越好，企业出口、对外直接投资的持续性越强。

创新能力方面，相关国内外文献主要集中考察了创新能力对企业出口决策和出口市场存续的影响。

（1）创新能力与企业出口决策。弗农（Vernon，1966，1979）认为企业国际化过程遵循产品生命周期理论，在产品生命周期初始阶段，凭借专有知识拥有新产品的企业，将开始进行出口活动，以充分利用并占据海外市场。希特等（Hitt et al.，1997）认为产品创新实际上有利于企业出口，因为企业在增长初期，国内市场限制企业的持续增长需求，企业通过出口，可以为这些具有质量优势的新产品寻找更多的消费群体和市场。此外，创新可以增强企业自身实力来满足不断变化的国内外市场需求，而出口有助于企业销售收入的增加，并借助海外市场需求来分担企业高昂的创新成本（Alvarez and Robertson，2004）。巴西勒

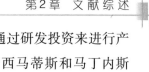

（Basile，2001）以意大利制造业企业为例，发现通过研发投资来进行产品创新或工艺创新的企业更有可能进行出口。卡西马蒂斯和马丁内斯（Cassiman and Martinez-Ros，2007）发现，产品创新对企业出口决策有促进作用，但工艺创新并没有。贝克尔和埃格（Becker and Egger，2013）发现，与工艺创新相比，产品创新在解释企业出口决策中起着主导作用，而且工艺创新只有在伴随有产品创新时才会对企业出口决策产生影响。

（2）创新能力与企业出口市场存续。熊彼特（Schumpeter，1934）的创新理论认为，技术创新是影响企业出口存续的重要因素。技术创新虽有助于增强企业的竞争力，降低企业的市场退出风险，但创新本身也是具有风险的投资行为，创新的不确定性使得其对企业国际市场存续的影响并不明确。霍尔（Hall，1987）认为技术创新有助于企业知识储备的增加，提高企业的市场价值，进而使企业的存活时间延长，并且这种影响会随着创新程度的增加而上升。塞菲斯和马西里（Cefis and Marsili，2005）以荷兰的制造业企业为研究对象，发现在控制企业规模、企业年龄等因素的情况下，创新企业比非创新企业在市场上存续得更长。与上述研究不同，费尔南德斯和保诺夫（Fernandes and Paunov，2015）认为创新对企业市场存活的影响会因企业类型而有所差异：对单产品企业而言，产品创新会使旧产品被新产品替代，从而使企业收益处于风险状态；对多产品企业来说，企业收益并不会因为新产品增加而受到显著变化。并以智利企业为例进行实证分析，发现创新有助于多产品企业在出口市场存活，但却增加单一产品企业在出口市场上的风险，缩短企业在出口市场上的存活时间。马古尔等（Ugur et al.，2016）以研发投入衡量企业创新，指出创新与企业生存时间之间并非单一线性关系，而是先上升后下降的倒 U 型关系，当初始研发水平较低时，技术创新带来的竞争规避效应（Escape Competition Effect），使得企业的存活时间延长，而当初始研发水平提高时，创新投入增加对企业生存时间的正效应变小，甚至出现负效应。

然而，也有学者认为创新并不会一直有利于出口商的存活。一方面，创新本身存在大量风险，创新的可能性依赖于产品生命周期、创新类型和时间、企业规模等要素，并不能确保创新会对企业在国际市场上的存活和成功一直产生积极的推动作用（Argyres and Bigelow，2007；Bayus and Agarwal，2007；Cefis and Marsili，2006）。例如，在有色金属等技术成熟的行业中，创新的边际利润通常很低而且不稳定，若依旧开展大量的研发创新活动势必会给企业带来无法承担的财务负担。另一方面，海外市场面对的国外消费者通常会有更加广泛的偏好。出口是企业国际化的早期阶段，对仅通过出口来进行国际化的企业来说，通常会采用本土适用的战略，但通过国内创新活动生产的产品未必能很好地满足海外消费者的需求（Zaheer，1995）。但由于企业可能还没有积累足够的市场经验和资金来应对国外市场无法预测的风险。这种业务的扩张可能会被证明是尚未成熟的，反而会给企业带来新的困境。因此，尽管创新是一个有效的武器，但也会带来很多可能性和风险，使出口商在国际市场挣扎着存活。

2.3 数字经济与企业国际化扩张相关研究

相关研究主要从数字化转型、数字基础设施和数字金融方面，来考察数字经济对企业国际化扩张的影响。

2.3.1 数字化转型与企业国际化扩张

数字经济背景下，研究企业国际化扩张的相关文献，主要基于资源基础理论、组织学习理论、内部化理论等传统的战略管理和国际商务理论，考察数字化转型对企业出口质量（杜明威等，2022；魏昀妍等，2022；洪俊杰等，2022；易靖韬、王悦昊，2021）、出口竞争力（孟夏和董文婷，2022；陈凤兰等，2022）、对外直接投资（李光勤和李潇格，2023）、国际竞争优势（邬爱其等，2021；Lee and Falahat，2019）的影响作用。

还有部分研究就企业数字化与国际化速度之间的关系进行探索，但大部分仍基于理论分析，缺少实证支持（Neubert，2018；Cheng et al.，2020；王益民等，2017）。例如，李等（Lee et al.，2019）采用文献研究法，总结出企业数字化与国际化速度之间受到创业导向、国际化知识、网络、营销能力、创新能力、学习能力的影响作用。纽伯特（Neubert，2018）基于企业资源与能力的视角，分析数字化通过提供市场情报以及分析软件的应用改善了企业学习和网络能力，提高决策效率，从而促进企业的快速国际化扩张。

此外，部分学者还进一步探讨数字化对企业国际化扩张的影响及作用机制，认为数字化能够推动跨国企业的国际化进程（Cassetta et al.，2020；Annale et al.，2020），其作用机制主要是通过降低信息搜寻和跨境沟通等交易成本（易靖韬、王悦昊，2021）、加深企业与东道国上下游利益相关者的关联程度（Adomako et al.，2021）来推动企业的国际化扩张；同时，数字化可以通过提升国际化学习能力以及国际网络能力（Neubert，2018）、组织敏捷性（Cheng et al.，2020）等来推动国际化扩张。尽管数字化为中小企业提供大量国际化机会，韦斯特伦（Westerlund，2020）认为只有在企业具备相关关系网络能力和业务流程管理能力时，中小企业才能更好地利用数字化来推进国际化扩张。而且现阶段数字平台普遍存在的数据安全与隐私问题，可能导致信息不对称，不利于企业开展国际化业务。

2.3.2 新型数字基础设施与企业国际化扩张

已有文献更多考察数字新基建对国内价值链循环（霍春辉等，2023）、中国制造业参与全球价值链（戴翔、马皓巍，2024）、对外贸易升级（钞小静等，2020）、出口产业升级（沈和斌、邓富华，2023）的影响效应。钞小静等（2020）基于2004～2016年中国283个地级及以上城市的面板数据，通过实证研究发现，新型数字基础设施建设通过技术扩散效应，显著推动对外贸易升级，并且提升我国产业在对外贸易中的竞争优势。沈和斌、邓富华（2023）以中国3G网络建设为准自然实验，采用双重差分法评估数字基础设施建设对中国出口产业升级的影响，发现数字基础设施建设通过提升创新效率和资源配置效率推动中国出口产业升级。霍春辉等（2023）基于供给与需求双重视角，探究数字新基建对国内价值链循环的影响及作用机理，发现数字新基建能够显著促进国内价值链循环，供给侧驱动效应下数字新基建通过促进技术创新推动国内价值链循环，而需求侧驱动效应下数字新基建通过推动消费升级进而促进国内价值链循环。戴翔、马皓巍（2024）采用企业微观层面数据进行实证研究，发现新型数字基础设施不仅有助于提升中国制造业参与全球价值链分工的参与度，还有助于改善中国制造业在全球价值链中的分工地位。

2.3.3 数字金融与企业国际化扩张

已有文献主要考察数字金融对进出口贸易的影响。出口方面，已有研究主要从出口规模和出口质量来考察数字金融发展的影响。范兆斌、张柳青（2017）提出，普惠金融体系的构建和发展有助于出口规模的扩张，且这种正向效应会因行业间外部融资依赖度呈现差异化影响。潘等（Pan et al.，2022）指出数字普惠金融通过创新效应和市场效应两种渠道，促进城市出口贸易升级。张铭心等（2021）认为，数字金融通过提升企业的营运资本效率以及缓解企业融资约束问题等渠道提高其出口质量。金祥义、张文菲（2022）认为，数字金融发展为企业出口提供了高效的外部融资渠道，有助于改善企业出口表现，优化企业出口结构，推动企业出口价值链地位的攀升。

另有少数文献关注数字普惠金融对进口贸易的影响。许家云（2022）基于 2012～2016 年企业贸易数据探讨了数字普惠金融对进口增量提质的影响，并表明数字普惠金融可以推动企业进口贸易规模的扩大与质量提升。蒋灵多、刘双双（2023）采用 2011～2019 年中国海关微观产品进口数据，深入探讨数字普惠金融发展对中国制造业进口贸易行为的影响，发现数字普惠金融显著促进了中国制造业产品进口扩张，具体表现为在提高产品进口数量的同时降低了产品进口价格；从影响路径来看，数字普惠金融会同时通过集约边际与扩展边际促进中国制造业进口扩张。

2.4　文献评述

在数字新基建与企业国际化扩张方面，通过梳理相关文献，可以发现大量研究就数字新基建发展对经济增长、经济高质量发展以及出口贸易升级的影响进行考察。但从数字新基建角度考察企业国际化扩张的研究非常少，并且主要聚焦于贸易方面。基于此，本书从数字新基建视角，系统考察企业所在地区的数字新基建发展对企业国际化扩张的影响效应及其理论机制，以及这种影响效应的所有制差异、企业规模差异和地区差异，进一步丰富了数字新基建和企业国际化方面相关研究。

在数字金融与企业国际化扩张方面，通过梳理相关国内外文献，可以看出关于企业数字化与国际化扩张的讨论仍基于传统的国际商务理论和战略管理理论，分析数字全球化下企业国际化战略的发展态势，且研究结论尚存争议，尤其缺乏基于新国际商务理论深入剖析数字化如何影响国际化扩张程度和扩张速度的理论及实证研究。虽然部分文献考察了数字金融对企业出口的作用，但分析维度仍局限于一种企业国际化经营模式，并未对企业具体的国际化水平展开系统研究，这为本书从数字金融视角剖析企业国际化水平的变化逻辑提供了进一步突破的空间。

企业国际化的动因方面,已有研究主要从制度视角考察母国制度对企业国际化的整体影响或者从东道国的知识产权保护角度考察东道国加强知识产权保护对企业对外直接投资的影响。从母国知识产权保护视角考察新兴经济体企业国际化驱动因素的研究非常少,这为本书第 4 章考察中国企业国际化的驱动因素提供了新的空间,进一步丰富了企业国际化扩张驱动因素的相关研究。

第3章

数字经济、研发创新与企业国际化扩张的典型事实分析

3.1　数字经济发展现状及国际比较

3.1.1　我国数字经济整体发展现状及趋势

伴随全球数字化浪潮，在大数据和信息通信技术等新兴技术的推动下，数字经济成为一种继农业经济、工业经济之后的主要经济形态，并呈现出增长快、规模大、潜力大的特征。当今时代，数字技术、数字经济是世界科技革命和产业变革的先机，是新一轮国际竞争重点领域，也是中国抓住发展先机、抢占未来发展制高点的战略需要。党的二十大报告明确指出，要加快发展数字经济，促进数字经济和实体经济深度融合，打造具有国际竞争力的数字产业集群。发展数字经济已成为推进中国式现代化的重要驱动力量。近年来，我国关于发展数字

经济的相关政策密集出台，已基本形成完善的数字经济顶层设计与细化的地方推进举措相结合的政策体系，在此背景下，我国数字经济得到快速发展，已由高速增长阶段向高质量发展阶段迈进，呈现出如下特征：

1. 数字经济规模稳步增长，占 GDP 比重不断增加

根据中国信息通信研究院发布的《中国数字经济发展白皮书 (2023 年)》数据显示，2005～2022 年，我国数字经济增加值逐年稳步增长，年均增长 2.6 万亿元，2022 年较 2005 年总体规模增长达 19.2 倍，截至 2022 年，我国数字经济总规模达到 50.2 万亿元，占 GDP 比重达到 41.5%，同比名义增长 10.3%，高于 GDP 增速 4.98 个百分点。图 3－1 展示了 2016～2022 年，我国数字经济规模和 GDP 规模的名义增速对比情况，不难看出，2016～2022 年，我国数字经济规模增速连续 7 年高于 GDP 增速，数字经济已成为推动中国经济发展的重要引擎和核心动力。

图 3－1　2016～2022 年我国数字经济与 GDP 名义增速对比

资料来源：中国信息通信研究院。

2. 数字产业结构优化升级，第一、二、三产业数字经济渗透率逐步提升

数字经济基本框架包括数字产业化、产业数字化、数字化治理和数据价值化。数字产业化，主要包括电子信息通信业和其他电子设备制造业、电信广播电视和卫星传输服务、互联网和相关服务、软件和信息技术服务业等，是数字经济发展的基础与先导，为产业数字化发展提供数字技术、产品、服务、基础设施和解决方案；产业数字化，指应用数字技术和数据资源为传统产业带来的产出增长和效率提升，是数字技术与实体经济的融合。《"十四五"数字经济发展规划》中指出，"十三五"时期，我国深入实施数字经济发展战略，不断完善数字基础设施，加快培育新业态新模式，推进数字产业化和产业数字化取得积极成效。我国将数字产业化和产业数字化作为数字经济的主要发展方向，不断完善互联网基础设施建设和数字化服务技术，提高数字经济的创新驱动力。

图 3 - 2 展示了 2016 ~ 2022 年间我国数字产业化和产业数字化规模情况，图 3 - 3 则是我国数字产业化和产业数字化占数字经济的比重情况。结合图 3 - 2 和图 3 - 3 可以看出，2022 年，我国数字产业化规模达到 9.2 万亿元，占数字经济比重为 18.3%，数字产业化向强基础、重创新方向发展。依赖于互联网和大数据等信息技术的各类在线平台和电子商务实现更加方便、快捷的商品和服务的交易与流通，在线学习、远程会议、网络购物、视频直播等生产生活新方式加速推广，各种数字技术不断改变传统产业的生产经营模式，并衍生出新的产业模式。同时，产业数字化深入推进，2022 年，产业数字化规模达到 41 万亿元，占数字经济比重为 81.7%，产业的数字化进程正在加快，整体效率和智能化水平显著提高，经济活动更加高效、便捷和灵活。

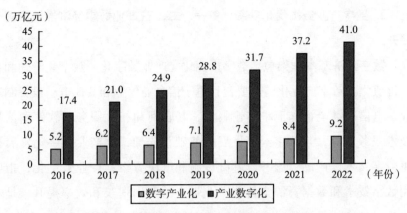

图 3 - 2　我国数字产业化和产业数字化规模

图 3 - 3　数字产业化和产业数字化占数字经济比重

资料来源：中国信息通信研究院。

　　在数字技术的持续创新与推广之下，我国第一、二、三产业间的融合深度与广度不断扩张，数字经济渗透率不断提高。图 3 - 4 是 2016 ~ 2022 年我国第一、二、三产业的数字经济渗透率，可以发现，2016 ~ 2022 年，我国农业、工业和服务业的数字经济渗透率均呈现逐年上升趋势。2022 年，我国服务业数字经济渗透率为 44.7%，工业数字经济渗透率为 24.0%，农业数字经济渗透率为 10.5%。农业对数字化转型需求比例较小，发展潜力巨大，工业的数字经济渗透率增幅与服务业的数字经济渗透率增幅差距逐渐缩小，正在形成服务业和工业数字化共同驱动发展格局。

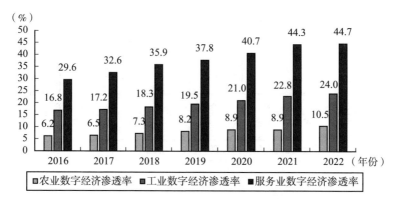

图 3 - 4　第一、二、三产业数字经济渗透率

资料来源：中国信息通信研究院。

3. 产业数字化转型稳步推进，新业态、新模式竞相发展

《中国数字经济发展白皮书（2023 年）》数据显示，截至 2022 年，我国工业互联网服务企业近 24 万家，培育具有影响力的工业互联网平台达到 240 余个。服务业数字化发展较快，电子商务蓬勃发展，2022 年，我国电子商务交易额为 43.8 万亿元，同比增长 3.5%；移动支付广泛普及，据商务部统计，全国网上零售额为 13.79 万亿元，同比增长 4%。

图 3 - 5 展示了 2017 年 12 月至 2023 年 6 月，我国互联网上网人数和互联网普及率的相关情况。可以看出，2017 年 12 月以来，我国互联网上网人数不断增加，互联网普及率呈递增趋势，截至 2023 年 6 月，我国互联网上网人数达到 10.79 亿人，互联网普及率达到 76.4%。随着互联网的普及和电子商务的兴起，据中国互联网络信息中心（CNNIC）统计，2023 年 6 月，我国网络支付用户规模达到 9.43 亿人，较 2022 年年底增长了 2.3 个百分点；网络购物用户规模达到 8.84 亿人，较 2022 年年底增长了 2.8 个百分点；线上办公用户规模达到 5.07 亿人。

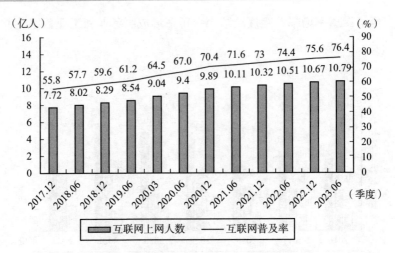

图3-5 我国互联网上网人数及互联网普及率

资料来源：中国信息通信研究院。

3.1.2 我国新型数字基础设施建设发展现状及特点

"十四五"规划明确提出要系统布局第五代移动通信、工业互联网等新型数字基础设施建设。数字新基建作为打通经济发展的信息"大动脉"，对我国经济高质量发展具有战略性、基础性与先导性作用，主要包括5G基站、特高压、城际高速铁路和城际轨道交通、新能源汽车充电桩、大数据中心、人工智能和工业互联网七大领域。当前，我国建成了全球规模最大、技术领先、性能优越的数字基础设施，整体水平实现跨越式提升。据央视网报道统计，2023年上半年，我国新型基础设施建设投资同比增长16.2%，其中5G、数据中心等投资增长13.1%，工业互联网、智慧交通等投资增长34.1%。①

自20世纪80年代以来，通信技术不断升级，在40年间，就走完

---

① 赵展慧，葛孟超，游仪．上半年，新型基础设施建设投资同比增长16.2%——有效投资扩大激发增长动能［EB/OL］．(2023-08-07) (2024-03-20)．中华人民共和国中央人民政府，https://www.gov.cn/yaowen/liebiao/202308/content_6897006.htm．

了从 1G 至 5G 的跃迁。2019 年，我国 5G 正式实现商用，5G 技术开始广泛投入。近年来，政府和企业投入巨额资金用于 5G 基础设施建设。据工信部统计，2023 年，三家基础电信企业和中国铁塔股份有限公司共完成电信固定资产投资 4205 亿元，比上年增长 0.3%。其中，5G 投资额达 1905 亿元，同比增长 5.7%，占全部投资的 45.3%。①

5G 基站建设既是新基建最重要的组成部分，又是 5G 技术带来经济产出的基础。我国建成全球规模最大、技术领先的通信网络设施。据工信部统计，截至 2023 年底，我国移动通信基站总数达 1162 万个，其中 5G 移动电话基站个数达到 337.7 万个，占移动基站总数的 29.1%，占比较 2022 年提升 7.8 个百分点，实现了"市市通千兆""县县通 5G""村村通宽带"。②

图 3 - 6 是 2018 ~ 2023 年我国移动电话基站发展情况，从图 3 - 6 可以看出，2019 年至今，我国 5G 移动电话基站个数呈现快速增长态势，2023 年底达到 337.7 万个，较 2022 年底增加 106.5 万个。另外，据工信部统计，2023 年底，我国 5G 移动电话用户数达到 8.05 亿户，较 2022 年增加 2.4 亿户；5G 固定资产投资达 1905 亿元，较 2022 年增长 102 亿元，5G 固定资产投资增速为 5.7%，5G 网络技术正在实现规模化和全面化。

除了 5G 以外，卫星互联网自 2020 年正式纳入新基建后，不到 4 年时间，我国卫星互联网建设已实现重要突破。单颗卫星变成了组网星座，利用卫星视频通话的时长也从 3 分钟提高至 30 分钟以上。2023 年，我国多次成功发射卫星互联网技术试验卫星，这标志着我国已掌握卫星互联网的关键技术，为未来实现全球卫星互联网覆盖奠定基础。

---

① 中华人民共和国中央人民政府. 2023 年通信业统计公报［R/OL］. （2024 - 01 - 24）［2024 - 03 - 20］. https：//www. gov. cn/lianbo/bumen/202401/content_6928019. htm.
② 刘育英，中国 5G 移动电话用户占比近半［N］. 中国新闻网，2024 - 01 - 24. https：//www. chinanews. com. cn/cj/2024/01 - 24/10152285. shtml.

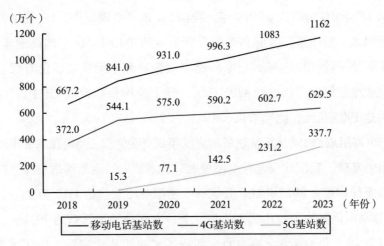

图 3 – 6　2018 ～ 2023 年移动电话基站发展情况

资料来源：中国工业和信息化部。

3.1.3　数字经济发展水平的国际比较

近年来，全球主要国家纷纷把数字经济作为其经济发展的重要手段，各国政府积极推进国家数字化战略，数字技术创新不断加强，力求将数字经济作为提高国际竞争力的新优势，世界正在向一个全新的数字时代迈进。

1. 全球数字经济发展特征趋势

（1）全球数字经济规模持续增长，多极化趋势进一步深化。

根据中国信息通信研究院发布的《全球数字经济白皮书（2023年)》，2013 年以来，全球数字经济规模持续增长，2022 年，测算的 51 个国家数字经济总规模达到 41.4 万亿美元，同比名义增长 7.4%，占 GDP 比重为 46.1%。

根据《全球数字经济白皮书（2023 年)》可知，美、中、德三国连续多年位居全球前三，2022 年美国数字经济规模稳居世界第一，达 17.2 万亿美元，在产业规模、数字技术研发能力等方面表现出独特优势；中国不断加强数字产业创新发展，2022 年中国数字经济规模为 7.5

万亿美元，仅次于美国，位居世界第二；德国凭借其优越的数字创新资源，2022 年德国数字经济规模为 2.9 万亿美元，位居世界第三；此外，日本、英国、法国数字经济规模也都超过 1 万亿美元。

从占比来看，在数字经济背景下，数字基础设施、数字技术、数据要素等正逐步成为经济发展的重要动力来源。各国数字经济已成为国民经济重要组成部分，2022 年，英国、德国、美国数字经济占 GDP 比重位列全球前三，占比均超过 65%；韩国、日本、爱尔兰、法国四国数字经济占 GDP 比重已超过 51 个国家的平均水平；中国数字经济占 GDP 比重为 41.5%，低于 51 个国家的平均水平。

（2）传统产业数字化转型加快，三次产业数字经济渗透率持续提升。

从数字经济内部结构分析，产业数字化是全球数字经济发展的主要驱动力量，也是各国数字经济发展拉开差距的主要方面。《全球数字经济白皮书（2023 年）》显示，2022 年，测算的全球 51 个主要经济体的数字产业化总体规模达到 6.1 万亿美元，占数字经济比重为 14.7%；产业数字化总体规模达到 35.3 万亿美元，占数字经济比重为 85.3%，各国产业数字化差距较大，经济发展水平较高的经济体产业数字化转型成效较为显著。

另外，全球第一、二、三产业间的数字经济渗透率持续提升，2022 年，测算的全球 51 个主要经济体的第一、二、三产业数字经济占行业比重分别为 9.1%、24.7% 和 45.7%，第三产业与数字技术融合效果最为显著。

（3）数字基础设施建设不断提升，数字技术产业快速稳步发展。

数字基础设施建设作为数字经济重点发展领域，已逐步实现量的提升。一方面，网络建设进程加快，网络覆盖范围更加广泛。截至 2022 年，全球固定用户宽带数已达 14 亿人，全球移动连接数达到 86.3 亿，各国正加快发展 5G 技术的应用，全球已覆盖 260 余张 5G 网络，中国已建成全球规模最大的 5G 独立组网网络，5G 基站数、用户数均位居全球第一；另一方面，数字技术产业快速稳步发展，数字经济与实体经济进一步融合。截至 2023 年，全球人工智能市场收入已达 5132 亿美元，同比增长 20.7%，中、美两国人工智能企业总数占全球总数约 50%，人工智能不断推动制造业进行数字化转型。同时，数字技术正不断改变传统产业的生产方式，以数字创新为核心的新质生产力正在形成，生产方式正在实现质的飞跃。

（4）数字经济国际合作不断深化，中国数字丝绸之路建设成果显著。

目前，全球数字经济发展在不同国家之间发展水平的差距逐渐缩小，欧盟、英美等发达国家长期以来都是数字经济国际合作的主要参与国和规则制定者。未来，数字经济将成为国际合作的重要领域，各国正努力通过国际合作提升自身数字经济发展与国际竞争力，G20、OECD等多边合作机制正在共同打造国际数字经济发展环境的新格局。

2017 年，为拓展数字经济领域的合作，中国、泰国、土耳其等国首次提出《“一带一路”数字经济国际合作倡议》，致力于打造互联互通的“数字丝绸之路”。2022 年，国务院发布的《“十四五”数字经济发展规划》中指出，我国数字经济国际合作不断深化，信息基础设施互联互通取得明显成效，“丝路电商”合作成果丰硕。2023 年，中国同阿根廷等 13 个国家共同发布了《“一带一路””数字经济国际合作北京倡议》，提出进一步深化数字经济国际合作的 20 项共识，形成共建“一带一路”国家新的国际合作模式。另外，我国正陆续开展与数字经济发展快速的国家在相关领域的深入合作，数字丝绸之路的建设为促进数字经济发展和国际合作作出重要贡献。

2. 全球数字技术发展的国际比较

伴随数字经济的高速发展，以大数据、云计算、区块链、人工智能等为代表的新一代数字技术呈现快速增长态势。《全球数字经济发展指数报告（TIMG 2023）》中，从研发产出（数字专利规模、数学和计算机发表论文数量）、人力资本（高等教育入学率、国民数字素养）、创新水平（创新活跃程度、产学研合作程度）三个层面构建数字技术发展指数，来衡量全球数字技术发展情况。表 3 - 1 汇报了全球数字技术发展情况，数据显示，2021 年美国在数字技术指数中位列第 1，中国位列第 15，是新兴市场与发展中国家中唯一进入数字技术指数排名前 20 的国家。

表 3－1　　　　　　　　　全球数字技术发展情况

排名 （2021 年）	国家	数字技术指数 （2021 年）	数字技术指数 （2013 年）	与 2013 年相比 排名变化
1	美国	91.83	87.06	0
2	芬兰	83.65	85.57	0
3	瑞士	82.78	79.51	0
4	德国	82.22	79.37	0
5	荷兰	82.02	75.14	3
6	新加坡	80.84	77.55	0
7	瑞典	77.66	73.16	4
8	日本	76.62	77.77	－3
9	韩国	75.94	75.63	－2
10	以色列	75.53	69.82	4
11	英国	75.45	72.70	1
12	加拿大	74.69	68.90	3
13	法国	74.62	70.63	0
14	比利时	74.60	74.81	－5
15	中国	74.17	65.16	4
16	丹麦	72.74	65.95	1
17	澳大利亚	71.99	73.66	－7
18	奥地利	71.47	67.09	－2
19	爱尔兰	69.16	64.98	1
20	挪威	68.56	65.74	－2

资料来源：《全球数字经济发展指数报告（TIMG 2023）》。

3. 全球数字基础设施发展的国际比较

数字基础设施指数主要从普惠性、便捷性和安全性三个维度来衡量，其中普惠性主要用活跃的固定宽带用户、活跃的移动宽带用户、移动电话订阅量来测度；便捷性主要从人均国际互联网带宽、移动资费、手机价格来测度；安全性则通过网络安全指数来测度。表 3-2 是 2021年全球数字基础设施指数排名前 20 位国家。

表 3-2　　　　　　　全球数字基础设施发展情况

排名 （2021 年）	国家	数字基础设施指数 （2021 年）	数字基础设施指数 （2013 年）	与 2013 年相比 排名变化
1	美国	93.07	79.79	0
2	新加坡	90.53	64.45	14
3	中国	89.33	63.72	18
4	英国	88.50	71.20	-1
5	卢森堡	88.16	64.18	13
6	日本	87.46	68.11	-1
7	印度	87.10	65.56	6
8	德国	86.93	66.53	2
9	俄罗斯	86.57	62.82	14
10	意大利	85.08	65.88	1
11	巴西	84.74	68.00	-5
12	澳大利亚	84.50	72.08	-10
13	法国	83.93	64.28	4
14	加拿大	82.89	69.62	-10
15	韩国	82.48	66.71	-7
16	西班牙	82.04	67.11	-9
17	阿联酋	81.80	46.97	38
18	土耳其	80.96	59.97	7
19	埃及	80.81	56.94	9
20	印度尼西亚	80.56	54.86	12

资料来源：《全球数字经济发展指数报告 2023》。

从表 3 - 2 数据来看，2021 年数字基础设施指数排名前三的国家分别是美国、新加坡和中国，其中，美国的数字基础设施指数 2021 年达到 93.07，排名与 2013 年相比没有变化，依然位居全球第一；新加坡的数字基础设施建设发展迅速，数字基础设施指数由 2013 年的 64.45 提高到 2021 年的 90.53，全球排名上升了 14 个位次；中国的数字基础设施指数则由 2013 年的 63.72 提高到 2021 年的 89.33，位居全球第三。

就数字基础设施指数变化趋势而言，2013 年以来全球数字基础设施整体上发展迅速，其中，阿联酋、中国、新加坡等国家的数字基础设施指数排名上升较快，排名相较于 2013 年分别上升 38 位、18 位和 14 位；加拿大、澳大利亚、西班牙等国家的数字基础设施指数则呈现出快速下滑趋势，排名相较于 2013 年分别下降 10 位、10 位和 9 位；而英国、日本、意大利、德国等国的数字基础设施建设发展相对平稳，数字基础设施指数排名变动幅度不大。

3.2　中国创新发展的特征事实

3.2.1　中国研发创新发展特征及趋势

当前，世界新一轮科技革命和产业变革蓄势待发，创新引领发展的趋势更加明显。作为最大的新兴经济体国家，中国的专利申请比较晚，但是增速却非常快。图 3 - 7 展示了 1993 ~ 2022 年我国的专利申请及构成变化情况。从中可以看出，1993 ~ 2000 年，我国的专利申请数量增长相对比较缓慢；2001 ~ 2010 年，我国专利申请进入较快的增长期，2011 年至今专利申请总体呈现快速增长。其中，2022 年，我国专利申请量为 536.4639 万件，发明专利申请 161.9268 万件，占比 30.2%。根据世界知识产权组织统计,在2022年全球创新指数排名中,中国位列第11,是全球创新指数前30位中唯一的中等收入经济体。专利申请数量的强劲增长和全球创新指数排名的提升,反映出我国创新水平和创新能力逐步增强。

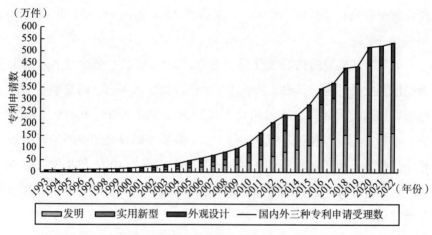

图 3－7 我国专利申请总量及构成变化情况（1993～2022 年）

资料来源:中国国家统计局。

我国专利法规定,专利主要分为三种类型:发明、实用新型和外观设计。其中,发明是指对产品、方法或者其改进所提出的新的技术方案。实用新型,是对产品的形状、构造或者其结合所提出的适于实用的新的技术方案。而外观设计,则是对产品的形状、图案或者其结合以及色彩与形状、图案的结合所作出的富有美感,并适于工业应用的新设计。结合图 3－7 专利申请的构成变化,可以看出,在我国,发明和实用新型占专利申请总量的比重较大,并呈现上升趋势。据国家知识产权局统计,2022 年,我国专利申请量受理量为 536.4639 万件,其中发明申请量为 161.9268 万件,约占 30.18%,实用新型申请量为 295.0653 万件,约占 55%。与发明和实用新型相比,外观设计所占比重较小,2022 年外观设计申请量为 79.4718 万件,占专利申请总量的比重为

14.81%。这反映出，近年来，随着知识产权保护的加强，企业受到更多激励去开展创新程度高的发明活动，使得我国的创新结构在不断完善，创新质量明显提高。

图 3 - 8 是我国 1993 年至 2022 年的专利申请授权量及构成变化情况。可以看出，1993 年以来，我国的专利申请授权量同样呈现出增长趋势，其中，2000 年以前，增长较为缓慢，2001 ~ 2010 呈现较快的增长期，2011 年至今则进入快速增长期。

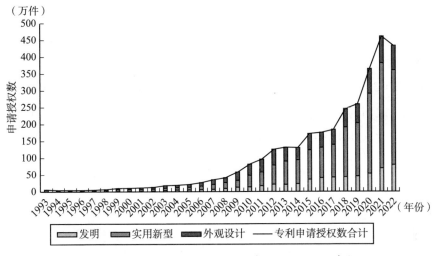

图 3 - 8　我国专利授权总数及构成（1993 ~ 2022 年）

资料来源：中国国家统计局。

从专利申请授权的构成来看，实用新型占专利申请授权总量的比重最大，外观设计申请授权数次之，发明申请授权数所占比重最小。在 2022 年，专利申请授权总数为 432.3409 万件，其中，实用新型申请授权数为 280.4155 万件，占比约 64.86%，外观设计申请授权数为 72.0907 万件，占专利申请授权总量的比重为 16.67%，发明申请授权量为 79.8347 万件，占比约 18.47%。

与我国三种专利申请量的构成特点不同，从专利申请授权量来看，实用新型占专利授权的比重最大，达到 64.86%，而发明申请授权占比则较小，仅占 18.47%，这反映出我国的创新水平仍比较薄弱，主要集中在模仿创新阶段。在最具创新性的发明专利方面，我国的发明专利申请占比较大，约占 30.18%，但发明专利的授权比重仅仅占 18.47%，由此看出虽然我国在发明专利申请方面比较积极，但是最终能获得授权的发明专利量仍然较低，说明我国自主创新能力相对比较薄弱，还有待提高。

我国的发明专利申请，既包含国内发明专利申请也包括外国来华专利申请。图 3-9 展示了 1993~2022 年，我国国内发明专利申请及外国来华发明专利申请量的变化情况，从中可以看出，1993 年以来，我国发明专利申请的结构不断优化，国内发明专利申请量增长势头明显，特别是 2003 年之后，国内发明专利申请量开始超过国外来华申请量，并且二者之间的差异越来越大。2011 年至今，国内发明专利申请量已经远远超过国外来华专利发明申请量。

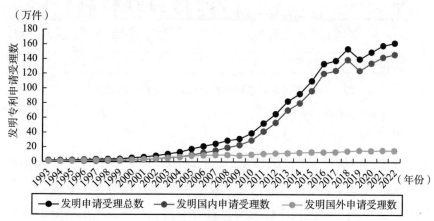

图 3-9　国内外发明专利申请量（1993~2022 年）

资料来源：中国国家统计局。

图 3 - 10 是 1993~2022 年，我国国内发明专利申请授权量及外国来华发明专利申请授权量的变化情况。从图 3 - 10 可以看出，1993~2008 年间，国内发明专利申请授权量均低于外国来华发明专利申请授权量。2009 年以后，国内发明专利申请授权量开始超过外国来华发明专利申请授权量，并且这种差异越来越大，这从侧面反映出，在国内一系列的创新激励政策的作用下，国内创新能力在不断提高。

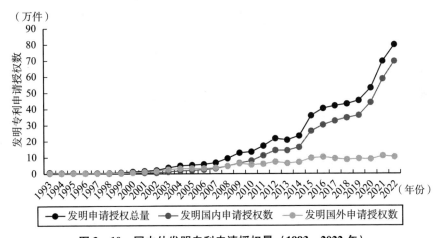

图 3 - 10 国内外发明专利申请授权量（1993~2022 年）

资料来源：中国国家统计局。

图 3 - 11 是发明专利申请及授权的国内外占比变化情况。可以看出，1993 年以来，国内发明申请及授权占比呈现"W"状，而外国来华的发明专利申请及授权占比呈"M"状。特别是 2008 年以来，国内发明专利申请及授权占比均超过外国来华的发明专利申请及授权占比。这从侧面反映出我国国内企事业单位在自主创新能力上与国外的差距在不断缩小。

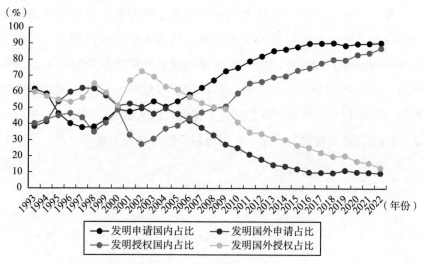

图 3 – 11　国内外发明专利申请及授权情况占比（1993～2022 年）

资料来源：中国国家统计局。

3.2.2　研发创新的国际比较

为进一步分析中国的研发创新与其他国家的差距，参照了世界知识产权组织发布的《2022 年全球创新指数报告》，表 3 – 3 为 2022 年国家创新能力指数及排名，从中可以看出，2022 年国家创新能力指数排名前 10 的国家为瑞士、美国、瑞典、英国、荷兰、韩国、新加坡、德国、芬兰、丹麦，均为发达国家。中国则位于全球创新指数排名第 11，较 2021 年上升 1 位。瑞士连续 12 年在创新方面保持世界第一，美国超过瑞典跃居第 2 位。除中国外，在排名前 40 的经济体中只有 4 个中等收入经济体，保加利亚（第 35 位）、马来西亚（第 36 位）、土耳其（第 37 位）以及印度（第 40 位）。由此可见，发达国家创新指数普遍较高，创新能力较强，发展中国家虽然不断优化创新环境，但和发达国家有一定的差距。

表 3 - 3   **2022 年代表性国家 GII 指数及排名**

经济体	分数	GII 排名
瑞士	64.6	1
美国	61.8	2
瑞典	61.6	3
英国	59.7	4
荷兰	58	5
韩国	57.8	6
新加坡	57.3	7
德国	57.2	8
芬兰	56.9	9
丹麦	55.9	10
中国	55.3	11
保加利亚	39.5	35
马来西亚	38.7	36
土耳其	38.1	37
印度	36.6	40

资料来源:《2022 年全球创新指数报告》。

在全球创新指数的分指标中,选取了美国、英国、德国和日本在 2022 年的指标得分,并基于人口规模相似性等特点,将印度也列为比较对象,从而更深入地了解中国研发创新的优劣势,各指标具体得分如图 3 - 12 所示。在这 7 个指标中,制度、人力资本与研究、基础设施、市场成熟度、商业成熟度为创新投入,最后两项知识与技术产出、创意产出为创新产出。从图 3 - 12 中可以看出,中美英日德在制度、人力资本与研究和市场成熟度上有一定的差距,中国在市场成熟度这一指标中得分仅为 56 分,与美国的 80.8 分有较大的差距,有较大的提升空间。在基础设施和商业成熟度方面差距较小,在逐渐靠近英美发达国家。中印作为典型的发展中国家,中国在 7 项指标得分均高于印度,中国应继续发挥创新优势,促进产业转型升级,提升在全球价值链中的分工地位。

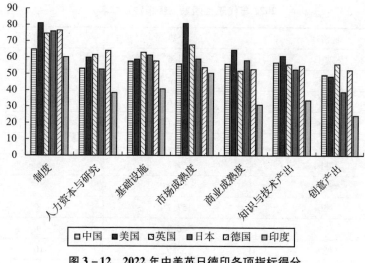

图 3 – 12　2022 年中美英日德印各项指标得分

　　图 3 – 13 为英美日德印 2010～2022 年专利申请数量变化情况，从图 3 – 13 中可以看出，日本的专利申请数量在 2012～2016 年稍有回落，其他四国的专利申请数量呈上升趋势。日本专利申请数量总体高于其他四个国家，2019 年日本专利申请数量达到 55328 件，达到近 10 年专利

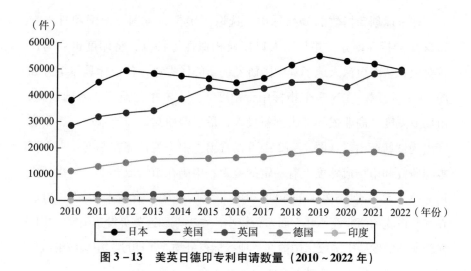

图 3 – 13　美英日德印专利申请数量（2010～2022 年）

申请数量最高。美国作为科技强国，在 2010～2015 年增速较快，之后增速虽然逐渐放缓，但其专利申请数量也是远超其他国家，其次为德国和英国。印度作为典型的发展中国家，其专利申请数量增速缓慢，且申请数量远低于其他发达国家。

图 3-14～图 3-18 为日本、美国、印度、英国和德国五个国家三

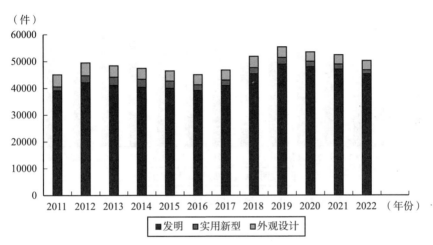

图 3-14　日本三种专利申请数量（2010～2022 年）

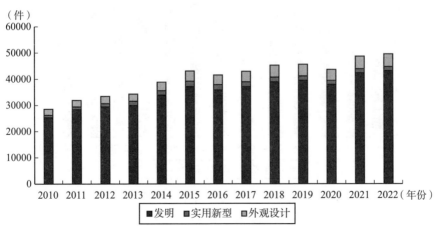

图 3-15　美国三种专利申请数量（2010～2022 年）

种专利申请占比情况，可以看出美国、英国、德国和印度 2010~2022 年发明专利和外观设计专利基本呈上升态势，由此可见，各国不断优化其专利结构，创新质量明显提高。

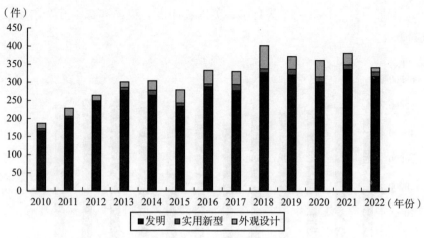

图 3-16　印度三种专利申请数量（2010~2022 年）

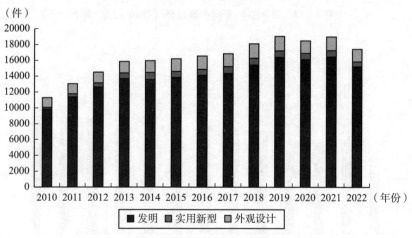

图 3-17　英国三种专利申请数量（2010~2022 年）

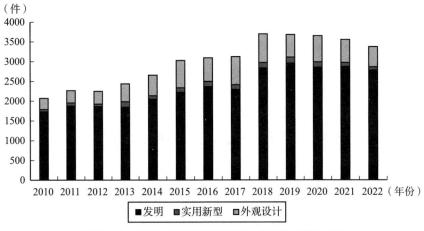

图 3 – 18　德国三种专利申请数量（2010 ～ 2022 年）

图 3 – 19 为英美日德印 1993 ～ 2022 年专利授权数量变化，从中可以看出 1993 ～ 2000 年，各国专利授权数量呈现缓慢增长态势。自 2000 年开始，日本、美国和德国的专利授权数量增速明显，英国和印度一直

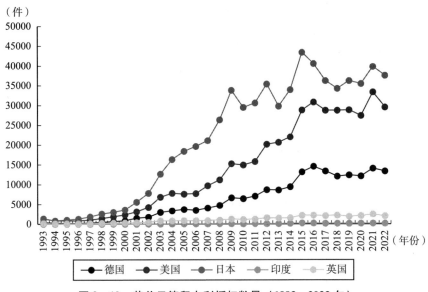

图 3 – 19　英美日德印专利授权数量（1993 ～ 2022 年）

保持较为缓慢的增长趋势，且英美日德等发达国家专利授权数量明显高于印度，结合图 3-8 可以看出，我国专利授权数明显高于日本等发达国家，但是能够产生效益的专利较少。日本和美国 2022 年专利授权比例达到 74.83% 和 59.7%，发明专利授权比例分别达到 73% 和 59%，而中国的发明专利授权比例仅有 18.47%，由此可以看出我国虽然专利申请数量多，但发明专利授权数量较少，专利质量有待提高。

3.3 中国企业国际化发展的现状及特征

伴随"走出去"战略的实施和推进，中国企业在国际市场的参与度日益提高，与此同时，企业的出口和对外投资等国际化活动又进一步推动了中国经济的快速发展。

3.3.1 对外直接投资现状

1. 对外投资整体发展现状及趋势

据中国商务部统计，2022 年，我国对外全行业直接投资 9853.7 亿元人民币，较上年增长 5.2%（折合 1465 亿美元，增长 0.9%）。其中，我国境内投资者共对全球 160 个国家和地区的 6430 家境外企业进行非金融类直接投资，累计实现投资 7859.4 亿元人民币，增长 7.2%（折合 1168.5 亿美元，增长 2.8%），中国已成为世界上名副其实的对外投资大国。[①] 中国企业出口额和对外投资金额的增长，在推动企业开拓国际市场和获取海外先进技术及经验等方面发挥着至关重要的作用。

---

① 中华人民共和国商务部. 2022 年我国对外全行业直接投资简明统计［R］.（2023 - 02 - 13）［2024 - 01 - 23］.［EB/OL］. http：//file. mofcom. gov. cn/article/tongjiziliao/dgzz/202302/20230203384450. shtml.

中国对外投资情况见图 3 - 20。可以看出，2002 年以来，中国对外投资流量及存量实现连年递增。其中，2021 年，中国对外投资流量达到 1788.2 亿美元，是 2002 年流量（27 亿美元）的 66 倍之多，2021 年全球对外直接投资流量 1.7 万亿美元，中国对外投资流量占全球比重由 2002 年的 0.5% 提升至 10.5%。在全球经济低迷，发达经济体增速回落背景下，中国对外直接投资继续保持两位数增长，位列世界第二，在全球外国直接投资中的影响力不断扩大，实现"十四五"良好开局，中国在全球对外投资中的地位和作用日益凸显。

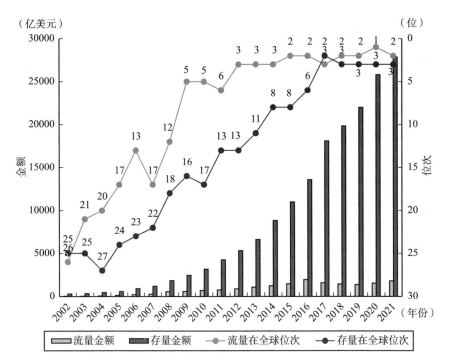

图 3 - 20　中国对外投资流量、存量及其在全球的位次（2002 ~ 2021 年）

资料来源：中国商务部。

　　与对外投资流量规模相比，中国对外投资存量规模也呈现出快速增长的势头。2021 年末，中国对外直接投资存量达到 27851.5 亿美元，是

2002 年末存量（299 亿美元）的 93.1 倍，在占全球对外投资存量中的份额由 2002 年的 0.4% 提升至 6.7%，排名由第 25 位上升至第 3 位。

2. 对外投资的所有权差异

图 3 - 21 展示了 2006 ~ 2021 年，中国对外投资存量中，国有企业和非国有企业占比的变化情况。从所有权类型来看，2006 ~ 2015 年，中国非金融直接投资中，国有企业占比呈下降趋势，而非国有企业占比则呈上升趋势。2016 ~ 2021 年，中国非金融直接投资中，国有企业和非国有企业占比趋于相对稳定。2021 年末，在中国对外非金融类直接投资 24848 亿美元存量中，国有企业占 51.6%，非国有企业占 48.4%。2022 年末，在中国对外非金融类直接投资 24509.1 亿美元存量中，国有企业占 52.4%，非国有企业占 47.6。这也从侧面反映出：近年来，在企业"走出去"和"一带一路"建设的推动下，中国非国有企业的对外投资热情和积极性不断高涨。

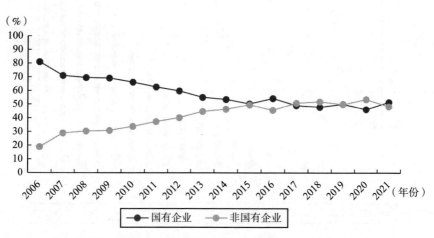

图 3 - 21　中国国有企业和非国有企业存量占比（2006 ~ 2021 年）

资料来源：中国商务部。

综上所述，随着对外开放战略的不断深化和开放型经济水平的逐步提高，我国企业的国际化程度显著提升，"走出去"规模迅速增大，加之我国政府的投资促进政策不断完善，使得我国的对外直接投资进入一个新的发展阶段，对外投资的所有权结构不断优化，非国有企业正逐步成为中国企业对外投资的新兴力量。

3. 制造业对外投资现状及趋势

制造业是对外投资最活跃的主体。图 3－22 是 2014～2022 年，中国制造业对外直接投资的流量和存量情况。可以看出，2014～2017年，制造业对外直接投资流量和存量呈现连年递增趋势，2018 年制造业对外直接投资流量明显下滑，自 2019 年开始，制造业对外直接投资流量和存量又呈现递增态势。从存量上看，2022 年，中国制造业对外直接投资存量达到 2680 亿美元，主要分布在汽车制造、计算机/通信及其他电子设备制造、专用设备制造、其他制造、医药制造等领域，其中汽车制造业存量 631.8 亿美元，占制造业对外直接投资存量的23.6%。从流量上看，2022 年，流向制造业的对外直接投资为 271.5 亿美元，比上年增长 1%，占 16.6%。投资主要流向专用设备制造、汽车制造、其他制造、计算机/通信和其他电子设备制造、金属制品、医药制造、非金属矿物制品、橡胶和塑料制品、黑色金属冶炼和压延加工、

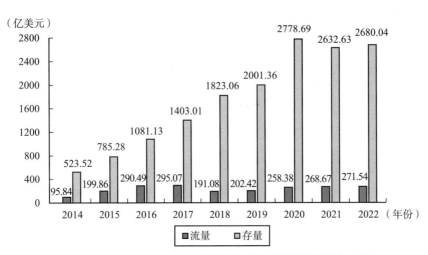

图 3－22　2014～2022 年中国制造业对外直接投资流量和存量

通用设备制造、电气机械和器材制造等。其中，流向装备制造业的投资146.1亿美元，增长3.5%，占制造业投资的53.8%。

4. 中国对外直接投资企业的分布

（1）中国境外企业各洲分布。

表3-4是中国境外企业的国家（地区）分布情况，可以看出，亚洲、北美洲和欧洲是中国境外企业分布最多的三个地区。2022年，中国在亚洲设立的境外企业数量超2.7万家，占59.2%，主要分布在中国香港、新加坡、日本、越南、印度尼西亚、马来西亚、韩国、泰国、柬埔寨、老挝、印度等；中国在北美洲设立的境外企业6064家，占13%，主要分布在美国和加拿大；中国在欧洲设立的境外企业4736家，占10.2%，主要分布在德国、俄罗斯联邦、英国、荷兰、法国、意大利、卢森堡、西班牙等。

表3-4 　　　　　　　　2021~2022年中国境外企业各洲构成情况

洲别	境外企业数量（家）		比重（%）	
	2021年	2022年	2021年	2022年
亚洲	26963	27548	59.2	59.2
北美洲	5888	6064	12.9	13.0
欧洲	4567	4736	10.0	10.2
拉丁美洲	3478	3673	7.6	7.9
非洲	3409	3323	7.5	7.1
大洋洲	1260	1219	2.8	2.6
合计	45565	46563	100.0	100.0

资料来源：中国对外直接投资统计公报。

（2）中国境外企业省市分布。

2022年末，境内投资者在境外设立非金融类企业近4.6万家，如图3-23所示，从企业的隶属情况看，中央企业和单位占13.2%，地方企业占 86.8%，其中，广东拥有境外企业 8459 家，是拥有境外企业数量最多的省份；其次是浙江，拥有境外企业 4821 家；上海拥有境外企业 4741 家，排第三，后面是北京、江苏、山东、福建、天津等。

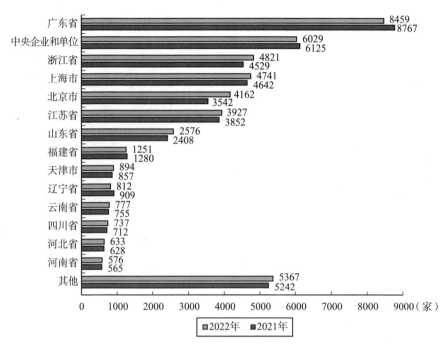

图 3 – 23　2021～2022 年中国主要省份设立境外企业数量

3.3.2　大型跨国公司的国际化趋势

1. 全球大型跨国公司的国际化趋势

表 3 – 5 是 2020～2022 年全球跨国公司 100 强和发展中经济体跨国公司 100 强的国际化数据，从表 3 – 5 中可以看出，全球跨国公司 100 强在国外资产占比、国外交易额占比和国外就业人数占比，以及由这三个指标构成的国际化程度均保持平稳，国际化水平达到 62% 左右。而来自发展中经济体跨国公司 100 强的国际化水平相对较低，仅为 46% 左右。

表 3-5　　　　全球和发展中经济体跨国公司 100 强国际化数据

变量	全球跨国公司 100 强			发展中经济体跨国公司 100 强	
	2020 年	2021 年	2022 年	2020 年	2021 年
资产（十亿美元）	18254	9256	19204	8653	10069
国外	9765	10428	10065	2644	2927
国内	8489	8829	9139	6009	7142
国外资产占比（%）	53	54	52	31	29
交易额（十亿美元）	9203	11624	12965	4897	6531
国外	5203	6681	7413	1817	2288
国内	3999	4943	5552	3079	4243
国外交易额占比（%）	57	57	57	37	35
就业人数（千人）	19393	20103	20000	13219	13601
国外	9261	9051	9167	4107	4053
国内	10132	11053	10833	9112	9548
国外人数占比（%）	48	45	46	31	30
非加权平均 TNI（%）	62	62	62	46	47
TNI 平均数（%）	62	63	62	44	46

资料来源：UNCTAD，《2023 世界投资报告》。

就具体细分行业而言，汽车行业跨国公司为了整合电动汽车生产的供应链，扩大产能，在海外积极投资新项目，使得汽车行业跨国公司收入有所增长。例如，美国通用汽车公司在南美大力投资锂的提取和精炼活动。德国宝马公司则扩大在中国的电动汽车生产设施投资。

根据《2023 世界投资报告》，制药行业中，英国的葛兰素史克、美国的强生、法国的赛诺菲和瑞士的诺华等头部跨国药企进行重组，取消研发投资或进行业务分拆。例如，2022 年，葛兰素史克将其与美国辉瑞共同拥有的消费者保健业务分拆出去，成立了一家专注于疫苗和处方药业务的新公司赫力昂（Haleon）。

科技行业中，美国半导体跨国公司英特尔和美光科技大幅增加海外投资。另外，全球科技竞争、地缘政治紧张局势促使全球最大的代工芯片制造商台积电开始在美国、日本、欧洲等地建立半导体制造设施。除了半导体外，2022 年科技行业的其他头部跨国公司并未扩大其海外业务。例如，美国的微软、苹果、亚马逊等公司都将业务转向国内市场，减少了海外资产。亚洲的腾讯、华为、三星、索尼等跨国公司也相对减少其海外资产。

2. 中国大型跨国公司的国际化趋势

根据中国企业联合会、中国企业家协会发布的 2023 年中国跨国公司 100 强排行榜名单，中国 100 大跨国公司由拥有海外资产、海外营业收入、海外员工的非金融企业，依据企业海外资产总额排序产生；跨国指数则按照（海外营业收入÷营业收入总额＋海外资产÷资产总额＋海外员工÷员工总数）÷3×100% 计算得出。结果显示，2023 年中国跨国公司 100 强企业的海外资产总额达 117668 亿元，海外营业收入为 91099 亿元，海外员工总数为 1191396 人，平均跨国指数达 15.90%，比上年提高 0.31 个百分点。

表 3 - 6 是 2023 年中国跨国公司 100 强排行榜前 30 强名单。可以看出，中国石油、中国中化、中国石化、华为、中国远洋海运分别位列前5，第 6～10 位依次是中海油、腾讯、国家电网、联想和中国交建。

表 3 - 6　　　　2023 年中国跨国公司 100 强排行榜前 30 强名单

名次	企业名称	海外资产（万元）	海外收入（万元）	海外人员（人）	跨国指数（%）
1	中国石油天然气集团有限公司	105479034	151770498	70109	25.72
2	中国中化控股有限责任公司	85812718	10830327	56500	29.57
3	中国石油化工集团有限公司	70787676	94514807	33647	21.34
4	华为投资控股有限公司	69416153	22278379	45000	40.63
5	中国远洋海运集团有限公司	56404574	34263485	16651	40.10

续表

名次	企业名称	海外资产 （万元）	海外收入 （万元）	海外人员 （人）	跨国指数 （%）
6	中国海洋石油集团有限公司	55257168	67421645	5741	34.79
7	腾讯控股有限公司	46062798	4460376	36754	23.71
8	国家电网有限公司	39016915	9049607	18995	4.15
9	联想控股股份有限公司	32781715	34694929	30755	50.05
10	中国交通建设集团有限公司	30292194	16092639	39618	15.99
11	复星国际有限公司	26350052	6768690	13142	27.59
12	广州越秀集团股份有限公司	25922539	437893	2070	12.76
13	浙江吉利控股集团有限公司	22068877	18048112	46734	39.77
14	中国铝业集团有限公司	22020181	8852105	2547	18.08
15	中国建筑股份有限公司	18460249	10796812	31684	6.83
16	中国电力建设集团有限公司	17844508	9181195	12015	11.38
17	中国五矿集团有限公司	16463239	11080122	11439	11.34
18	海尔集团公司	15327021	12732526	38219	32.95
19	洛阳栾川钼业集团股份有限公司	14601754	10616954	7293	69.01
20	中国广核集团有限公司	13970497	3424501	3389	15.97
21	深圳市投资控股有限公司	13172841	2815654	8778	10.67
22	潍柴动力股份有限公司	13060108	9505696	41149	48.57
23	国家电力投资集团有限公司	11861841	2152344	2042	5.03
24	美的集团股份有限公司	10640000	14264494	35000	29.17
25	山东能源集团有限公司	10135871	22436799	4001	13.08
26	中国华能集团有限公司	10123061	3849863	860	5.64
27	中国能源建设集团有限公司	10030412	4678178	7548	11.30
28	万洲国际有限公司	9954503	12488113	57000	64.30
29	紫金矿业集团股份有限公司	9816000	6758225	23816	35.28
30	中国铁道建筑集团有限公司	9287292	5407853	9889	4.63

就企业总部的地理分布上，2023 年中国跨国公司 100 强覆盖全国

17 个省份，并呈现出一定的聚集趋势，有 72% 的企业集中在北京、广东、上海、山东、浙江等经济发达地区，其中，北京占 33%，广东占 13%，上海、山东各占 9%，浙江占 8%。就企业所有制性质而言，2023 年中国跨国公司排名 100 强中，国有及国有控股公司有 63 家，民营公司有 37 家，国有控股企业仍然占据一定优势。

第4章

数字经济下中国制造业企业
国际化扩张的驱动因素研究

4.1 研发创新能力对企业国际化扩张的驱动效应分析

4.1.1 引言

当前，在国内市场日趋饱和、竞争同质化的挑战下，国际化已经成为中国企业寻求新一轮增长的新动力。伴随"走出去"战略和"一带一路"倡议的实施和推进，中国企业在国际市场的参与度日益提高。据中国商务部统计，2022 年，我国对外全行业直接投资 9853.7 亿元人民币，较上年增长 5.2%。其中，我国境内投资者共对全球 160 个国家和地区的 6430 家境外企业进行非金融类直接投资，累计实现投资 7859.4

亿元人民币，增长 7.2%，中国已成为世界上名副其实的对外投资大国。① 然而，近年来全球贸易保护主义盛行，美国不断升级对中国的技术封锁、投资限制等措施，在全球生产分工格局和全球贸易保护背景下，中国企业如何进入国际市场并在国际市场获得持续发展的竞争力，是一个值得深入探究的问题。

在全球生产网络体系下，创新活动有助于抑制企业生存风险（鲍宗客，2016），是影响企业海外市场进入决策，提高企业国际竞争力的一个重要因素。弗农（Vernon，1966，1979）认为企业国际化过程遵循产品生命周期理论，在产品生命周期初始阶段，凭借专有知识拥有新产品的企业，将开始进行出口活动，以充分利用并占据海外市场。希特（Hitt，1997）认为产品创新实际上有利于企业出口，因为企业在增长初期，国内市场限制企业的持续增长需求，企业通过出口，可以为这些具有质量优势的新产品寻找更多的消费群体和市场。而出口有助于企业销售收入的增加，并借助海外市场需求来分担企业高昂的创新成本（Alvarez and Robertson，2004）。此后，学者们比较分析了产品创新和工艺创新对企业出口决策的不同影响，认为产品创新对企业出口决策有促进作用（Cassiman and Martinez – Ros，2007），而工艺创新只有在伴随有产品创新时才会对企业出口决策产生影响（Becker and Egger，2013）。出口仅是企业国际化的一个早期阶段，企业国际化进程不仅包含出口还包括对外直接投资。基于此，本书综合出口和对外直接投资两个方面，考察创新对企业国际市场进入决策的影响，这是本节研究的第一个问题。

创新能力对企业国际市场进入的影响存在一定的差异性，例如，中国一些企业虽然研发创新能力较低，但最后却成功地进入到国际市场，与已有研究主要关注企业自身的特定能力不同，本书认为创新能

---

① 中华人民共和国商务部 . 2022 年我国对外全行业直接投资简明统计［R］. 合作司，2023 – 02 – 13.

力对企业国际市场进入的影响并非统一，而与企业所处的制度环境有关。制度环境包括法律、政府、市场等与企业经营密切相关的因素（陈凌、王昊，2013），通常通过作用于创新资源的配置效率而影响着企业的创新活动，进而影响企业的海外市场进入决策。因此，本书选取地区知识产权保护和所有权这两个不同层面的制度因素，考察其在创新能力和国际市场进入决策中的调节作用，这是本节深入研究的第二个问题。

基于国泰安的中国上市公司数据和毕威迪的企业国际化经营数据，本节就创新能力如何影响企业的国际市场进入决策进行考察，并选取知识产权保护和所有权两个制度因素，考察其在创新能力与企业国际市场进入决策中的调节作用。

本节主要从三个方面对已有研究进行扩展：（1）已有文献主要基于资源基础观，考察企业资源和特定能力对出口等国际化活动的影响，本书认为创新能力对企业国际市场进入决策的影响并非统一，而是与企业所在地区的知识产权保护和企业所有权性质有关，并提供了实证支持，从而丰富和拓展了资源基础观的观点。（2）本节从人们的知识产权保护意识和保护能力、知识产权侵权行为的执法力度和执法效果四个维度出发，尝试构建新的知识产权保护测度指标，为知识产权制度的相关研究提供了新的研究工具。（3）已有的一些研究认为资源基础观和制度基础观是竞争关系而非互补关系，这限制了研究者来解释企业国际市场决策差异的能力。本节通过整合两方面的理论观点，结合理论分析和实证研究，将资源基础观和制度基础观的观点整合到一起，从而更完整的阐述企业国际市场进入决策的影响因素。本书通过探讨企业创新能力和制度因素如何共同作用来影响企业的国际市场进入决策，为未来的相关研究提供新的方法和思路。

4.1.2　理论基础与研究假设

1. 理论基础

（1）基于产品生命周期理论的企业国际市场进出决策。

产品生命周期（Product Life Cycle，PLC），阐述一种产品从创新、进入市场再到退出市场的整个过程，由美国哈佛大学教授维农于1966年在《产品周期中的国际投资与国际贸易》一文中首次提出。维农（1966）认为，在产品生命周期的不同阶段，企业对技术投入的需求也会有所差异。由此看出，企业在不同产品生命周期阶段的进入退出行为与自身技术水平息息相关。卡尔松和尼斯特伦（Karlsson and Nystrom，2003）基于产品生命周期理论，探讨了技术创新与企业在出口市场的进入退出和持续时间，认为大量不确定因素和风险使得产品生命周期初期进入出口市场的企业必须是具有一定技术创新优势的企业，但进入成熟期后，竞争随之转化为标准化生产的价格竞争，故在成熟期进入出口市场的企业比在产品生命周期初期进入出口市场的企业具有更多的技术创新劣势。

（2）基于资源基础观的企业创新能力。

资源基础观，强调企业所拥有的资产、能力、组织、信息、知识等要素和资源对提高企业绩效、获得持久性竞争优势的独特价值。其中，创新能力是企业持续发展的重要资源，也是企业技术进步和获取竞争优势的基础。

资源基础观认为企业国际化差异是由企业间的资源异质性造成的。技术资源（technological resources）和市场资源（marketing resources）等无形资产由于高度的特殊性和专有性且难以模仿，有助于新兴经济体企业进入到国际市场。例如，研发使企业发展创新型技术从而区别于国际竞争对手（Kafouros and Buckly，2008），而市场资源使企业的产品差异化，创造进入壁垒，从而激发企业的国际化（Kotabe et al.，2002）。

资源基础观的一个核心假设就是，尽管企业的经营决策会因信息不对称和因果模糊（causal ambiguity）而受到限制，但仍主要是为了追求效率和竞争力（Capron and Chatain，2008）。

（3）基于制度基础观的制度环境。

现代制度经济学理论认为制度是决定经济主体行为的基本因素。制度环境包括法律、政府、市场等与企业经营密切相关的因素，通常通过作用于创新资源的配置效率而影响着企业的创新活动。其中，知识产权是影响企业创新活动的一项重要的制度因素，不仅关系到企业创新的积极性，还关系到企业从创新成果中所获得收益的多少。组织行为会受到社会信念的引导，企业的国际市场进入决策不仅是为实现经济利益最大化和战略合理性，还会受到政治、法律和社会准则及政治大环境的影响（Oliver，1997；Peng et al.，2008）。在新兴经济体国家，所有权是企业层面制度的重要体现，在一定程度上反映了企业与政府之间的关系。约翰森和瓦伦（Johanson and Vahlne，2009）将企业与政府的关系划分为内部关系（insidership）和外部关系（outsidership），认为那些能很好地嵌入网络关系内的为内部者（insider）。企业与政府保持密切的关系能使得其成为内部者，这种内部关系有利于企业在企业技术发展方面获得政府支持。尽管与政府保持密切关系的企业也会置身于市场机制下，但对市场机制的依赖会降低，并能得到政府相对较好的保护。因此，这些企业既可以受益于政府支持，也能够充分利用市场力量。

2. 研究假设

（1）创新能力与企业国际市场进入决策。

随着"走出去"战略和"一带一路"倡议的推进，越来越多的中国企业开始进入到国际市场，国际化逐步成为中国企业参与国际分工、追求竞争优势的战略选择。资源基础观，强调企业所拥有的能力、知识、资产、信息等要素资源对提高企业绩效、获得持久性竞争优势的独特价值。其中，创新能力是企业持续发展的重要资源，也是企业技术进步和获取竞争优势的基础。

创新能力通过直接的需求扩张效应和间接的生产率促进效应两种渠道影响企业的国际市场进入决策。首先，直接的需求扩张效应。随着企业开发出越来越多的新产品，企业创新能力不断增强，企业进入国际市场的可能性随之增加，一方面，企业开发出的新产品往往更能满足消费者的需求偏好，从而使企业的产品组合更具偏好优势，这有助于企业市场份额的提高；另一方面，企业进行研发创新的成本往往比较高，一旦新产品得以成功开发，企业需要为其开发出的新产品寻找更多的消费群体和国际市场，以便通过市场的扩大来弥补企业的创新成本。由此，我们预期企业创新能力通过直接的需求扩张效应与企业的国际市场进入决策正相关。以近年来伴随移动互联网而产生的共享单车为例，无桩停靠、扫码取车，使共享单车解决了公共自行车存在的诸多问题，为人们出行的"最后一公里"提供方便快捷的交通工具。其中，摩拜单车依靠防盗系统、智能锁、传动系统、管理与控制系统、挡泥板等方面的专利技术，在国内成功后便迅速到全球开始生产和运营，以此来扩大市场并弥补创新成本。其次，间接的生产率促进效应。即企业创新能力的增强有助于企业生产率的提高，由于自选择效应的存在，高生产率的企业往往会选择进入国际市场。具体而言，创新能力有助于提高企业的生产率，降低企业的边际生产成本，因此，创新企业可以以更低的价格满足海外市场需求，在需求弹性一定的情况下，有助于增加海外市场销售收入。

综上所述，我们预期创新能力强的企业进入国际市场的可能性更高，故提出如下假设。

假设 1：创新能力与企业国际市场进入决策呈正相关关系，即创新能力越强的企业进入国际市场的可能性越高。

（2）地区知识产权保护在创新与企业国际市场进入决策中的调节作用。

创新对企业国际市场进入的影响并非是统一的，而是存在一定的差异性，这种差异与企业所在地区的制度环境有关。专利、版权等知识产权保护制度是支持企业开展创新活动的基本制度保障。传统理论认为，有效的知识产权保护不仅包括完备健全的知识产权法律，还包括迅速有力的执法机制（Ang et al.，2014）。虽然我国施行统一的知识产权立法，但由于各地的司法水平（潘越等，2015）和执法程度（Wang et al.，2015）的差异，使得各个省份的知识产权保护水平严重不平衡。

知识产权是联结创新与市场的纽带和桥梁，其本质在于鼓励创新发展。地区知识产权保护通过以下途径来影响创新与企业国际市场进入决策的关系。首先，强知识产权保护通过对模仿、假冒等侵权行为的打击和惩罚，保护了权利人的创新成果和收益，进而增强研发活动的可预见性，激发企业进行研发创新的积极性和意愿，激励企业进入国际市场。相反，如果知识产权保护不力，企业的创新成果很容易被不法分子剽窃和模仿，那么企业高昂的创新成本将无法得到弥补，经营收益会受损，势必会推迟企业进入海外市场的进程。由此推出，地区知识产权保护水平越高，企业创新成果和收益越容易得到保障，进而增强企业的竞争优势和市场份额，推动企业进入海外市场。其次，通过缩短中外知识产权保护制度差距，使企业熟悉国外的制度环境，增强创新企业"走出去"的信心和意愿。作为新兴经济体国家，我国的知识产权保护制度与欧美等发达国家还存在一定的差异，这种差异易造成国内企业对国外制度的不适应性，不利于企业进入国外市场。提高地区知识产权保护水平，有助于缩短中外知识产权保护水平的差距，增强企业的维权意识和能力，使企业更有信心应对国际市场上的风险。基于以上考虑，我们预期知识产权保护在创新能力与企业国际市场进入决策之间存在正向的调节作用，故提出如下假设：

假设2：地区知识产权保护正向调节创新对企业国际市场进入决策的影响，即地区知识产权保护水平越高，增强创新能力对当地企业进入海外市场的推动作用越强。

（3）企业所有权在创新能力与企业国际市场进入决策中的调节作用。

作为转型中的最大新兴经济体国家，中国的市场经济不够成熟，产权制度尚不完善，企业与政府间存在不同程度的联系，这种差异使得企业创新活动的收益和风险不同，进而会对企业"走出去"产生影响。所有权是企业层面的一个典型的制度因素，从政企关系的角度来看，主要表现为国有企业和非国有企业。

首先，国有企业通常与政府保持着密切的联系，往往更容易获得政府控制的某些重要资源以及由政府资助的研究成果，这使国有企业有机会在已有资源的基础上增加新的稀缺的技术要素，并通过知识整合促进创新能力增强，进而进入到国际市场。其次，从交易成本角度来看，在新兴经济体国家，市场发展不够充分，国有企业由于与政府之间的密切联系，通常享有更多的优惠政策、政府补贴、产权保护等，这有助于降低企业的交易成本，增强企业的竞争力，并进入到国际市场。相反，非国有企业通常很少机会获得那些战略性资源，只能通过正规市场渠道来获取所有资源，因而，非国有企业可能会面临更高的交易成本，使企业在竞争中处于不利地位，阻碍了企业的国际化进程。

尽管如此，国有和非国有这种所有权关系也可能通过影响创新资源的配置效率，对创新能力与企业国际市场进入的关系产生消极影响。例如，政府通常会让国有企业承担更多的就业、捐赠等社会性负担，以维护和实现社会稳定，这使得国有企业的创新活动被政治目标所扭曲，降低了创新资源的配置效率，不利于自身的国际化进程。综合上述分析，我们认为所有权的积极作用仍占主导作用，故提出如下假设。

假设 3：所有权在创新能力和企业国际市场进入决策之间存在正向调节作用，即与非国有企业相比，国有企业提高创新能力对其进入海外市场的推动作用更大。

（4）创新与企业国际市场退出、国际市场存续。

有些企业进入国际市场后，出口或对外投资等国际化行为一直持续存在，成为稳定的国际化企业。但也有一些企业，在国际市场存续一段时间后又从国际市场退出。国际化的企业通常表现出反复地进入国际市场及从国际市场退出的行为。究竟创新能力在企业国际市场退出及国际市场存续行为中扮演什么样的角色，是我们关注的另一个问题。

技术创新在企业国际市场退出决策中发挥至关重要的作用。通过引进、模仿或淘汰新技术，企业的技术创新影响着自身在国际市场的退出和存续行为。从需求角度来看，企业开发出的新产品往往更能满足消费者的需求偏好，从而使企业的产品组合更具偏好优势，提高企业的市场份额，使企业在国际市场的竞争优势更加明显。由此推知，随着企业新产品的不断开发，企业创新能力逐步增强，企业从国际市场退出的可能性降低。

产品生命周期，是指一种产品从研究开发、进入市场直至退出市场的整个市场生命循环过程。典型的产品生命周期一般包括四个阶段：导入期、成长期、成熟期和衰退期。在产品生命周期的初期阶段，由于产品设计和生产工艺的高度不确定性，对知识强度水平的要求相对较高。随着产品生命周期中不确定性的降低，对知识强度的要求逐渐降低，特别是在产品生命周期的衰退期，产品生产过程中所需要的知识往往很少。这意味着在不同生命周期阶段退出企业的知识强度是不同的。卡尔松和奈斯特罗姆（Karlsson and Nystrom，2003）基于产品生命周期理论，探讨了技术创新与企业在出口市场的进入退出和持续时间，认为大量不确定因素和风险使得产品生命周期初期进入出口市场的企业必须是具有一定技术创新优势的企业，但进入成熟期后，竞争随之转化为标准化生产的价格竞争，故在成熟期进入出口市场的企业比在产品生命周期初期进入出口市场的企业具有更多的技术创新劣势。而在产品生命周期初期退出市场的企业，其技术创新水平要高于在产品生命周期末期退出市场的行业。由于产品进入成熟期后，企业间的竞争由技术创新方面的竞争转化为标准化生产的价格竞争，这主要体现在企业的生产率上。增强企业创新能力有助于提高企业的生产率，降低企业的生产成本，增强企业在价格竞争中的优势，使企业在产品成熟期阶段击败竞争对手，赢得竞争优势，进而降低企业从国际市场退出的概率，使企业在国际市场上存续得更久。

综上所述，我们预期创新能力强的企业从国际市场退出的可能性越低，在国际市场的存活期也越长，故提出如下假设。

假设4：创新与企业国际市场退出呈负相关关系，即创新能力强的企业从国际市场退出的可能性更低。

假设5：创新与企业国际市场存活存在正相关关系，即创新能力越强，企业在国际市场上存活得越久。

4.1.3　计量模型、变量构造和数据说明

1. 企业创新能力与国际市场进入行为的计量模型

为了考察创新能力对企业国际市场进入决策的影响，我们在已有文献基础上，将创新变量纳入企业国际化决策模型之中，建立研究企业国际市场进入决策的 Probit 模型，具体如下：

$$P(\text{Oversea\_enter}_{it} = 1) = \Phi(\alpha + \beta\text{Innovation}_{it-1} + \gamma Z_{it-1} + \mu_j + u_t + \varepsilon_{ijt}$$
$$(4.1)$$

$$P(\text{Oversea\_enter}_{it} = 1) = \Phi(\alpha + \beta_1 \text{Innovation}_{it-1} + \beta_2 \text{IPR}_{kt-1} + \beta_3 \text{SOE}_{it-1}$$
$$+ \beta_4 \text{Innovation}_{it-1} \times \text{IPR}_{kt-1} + \beta_5 \text{Innovation}_{it-1}$$
$$\times \text{SOE}_{it-1} + \gamma Z_{it-1} + \mu_j + u_t + \varepsilon_{ijt}) \qquad (4.2)$$

其中，i 代表企业，t 代表年份，j 代表行业，k 代表地区。被解释变量 $\text{Oversea\_enter}_{it}$ 为企业国际市场进入，用虚拟变量来表示，当企业 i 在第 t 年的海外市场销售额大于 0 时，取值为 1，表明企业当年进入国际市场，反之为 0。核心解释变量 Innovation_{it-1} 代表企业创新指标，IPR_{kt-1} 为地区知识产权保护，SOE_{it-1} 代表企业所有权，用虚拟变量表示，国有企业取 1，非国有企业取 0。Z_{it-1} 为控制变量，包括企业年龄、企业规模、融资约束、资产报酬率等企业异质性的影响。μ_j、u_t、ε_{ijt} 分别代表行业效应、时间效应及随机误差项。

企业创新能力（Innovation_{it}）：这里采用企业当年的专利申请数来衡量。因为专利授权需要检测和缴纳年费，不确定性和不稳定性更高（黎文靖、郑曼妮，2016），相比而言，专利申请数更能真实有效的反

映企业的创新能力。但由于部分企业专利申请量为0，故采用企业专利申请量加0.1后取对数来表示。

地区知识产权保护（IPR_{kt-1}）：企业所在省份的知识产权保护水平。由于我国颁布的知识产权相关法律法规及与各国际组织签订的知识产权相关国际公约，适用于全国各个省份，因此各地区知识产权保护水平差异并非体现在法律条文上，而主要体现在法律法规的执行方面。基于我国知识产权保护的执法体系及执法效果，本书主要使用人均专利申请量、人均专利授予量、知识产权未被侵权率、知识产权执法结案率来构建各省的知识产权保护综合指标。（1）人均专利申请量：人均专利申请量的高低反映了人们的知识产权保护意识。人均专利申请量越低，人们的知识产权保护意识可能就越弱。（2）人均专利授予量：人均专利授予量反映人们的知识产权保护能力。人均专利授予量越高，人们的知识产权保护能力越强。（3）知识产权未被侵权率：知识产权被侵权程度之所以能很好地反映一个地区的知识产权保护水平，是因为无论一个地区知识产权立法是否完善，若知识产权被侵权情况时有发生，则说明该地区的知识产权保护水平比较薄弱。这里采用专利侵权纠纷立案数除以专利申请授权数来衡量知识产权被侵权率。而1减去知识产权被侵权率即得到知识产权未被侵权率，该指标越高，说明知识产权保护得越好。（4）知识产权执法结案率：知识产权执法结案率反映一个地区对知识产权侵权案件的处理力度，用各省份的知识产权侵权和其他纠纷结案数与各省份的知识产权侵权和其他纠纷立案数之比来衡量。结案率越高，说明该地区知识产权管理机构对侵权案件的查处力度越大。各省份的专利申请量数据、专利授予量数据、人口数据来自国家统计局，各省份的知识产权纠纷案件数据则来自国家知识产权局。由于各省份的人均专利申请量、人均专利授予量、知识产权未被侵权率、知识产权执法结案率四个指标反映了各省份知识产权保护的不同方面，为此，我们采用主成分分析法将上述四个指标合成一个指标来反映地区知识产权保护水平。

所有权结构（SOE_{it-1}）：这里采用虚拟变量表示，若上市公司的实际控制人为中央和地方的国资委、政府机构、国有企业时取值为 1，否则为 0。在中国开放型经济中，国有企业通常比民营企业有更强的对外投资动机来达到政治目标和经济目标，因此，中国企业国际市场进入决策往往会受到所有权的影响。

企业年龄：根据产品生命周期理论，随着企业年龄增长，投资规模逐步扩大，生产管理方式日渐成熟，品牌和声誉得以塑造和积累，由此推断，企业年龄越大，越有可能进行海外市场，并更好地应对国际市场上的风险。本书中用当年年份减去开业年份再加 1 后取对数来衡量，该指标也在一定程度上反映了企业在国内外市场积累的经营经验。

企业规模：以克鲁格曼为代表的新贸易理论强调了国际贸易中规模因素的重要作用，新新贸易理论也认为企业出口会受到规模因素的影响，企业规模越大，越容易出口（Bernard and Jensen，2004）。此外，企业规模也在一定程度反映了企业自身的实力，规模越大的企业更具有跨越国际市场贸易壁垒的实力。我们用企业从业人数加 1 后取对数来衡量企业规模，预期企业规模对国际市场进入具有正向作用。

营销能力：销售水平的高低在一定程度上会受到企业营销能力的影响，我们用人均销售收入来测度企业的营销能力。

融资约束：融资异质性是影响企业国际化选择行为的重要因素，融资能力弱的企业通常只能在国内市场经营，融资能力较强的企业可以选择出口，而融资能力最强的企业则可以选择海外直接投资。为控制企业融资能力差异的影响，我们加入融资约束变量，这里采用流动资产减去流动负债的差额除以总资产来表示，该数值越大，反映企业所受的融资约束越小。

资产报酬率：资产报酬率反映企业的资产利用效率水平，采用企业的净利润与总资产之比来表示。

表 4 - 1 是上述各主要变量的相关系数矩阵，可以看出，创新能力与国际市场进入密切相关，二者的相关系数达到 37.1%，其他变量的相关系数比较低，均低于 20%。

表 4 - 1

变量相关系数矩阵

变量名称	1	2	3	4	5	6	7	8
1 国际市场进入	1							
2 创新能力	0.371***	1						
3 知识产权保护	0.086***	0.147***	1					
4 所有权结构	-0.107***	-0.167***	-0.122***	1				
5 营销能力	-0.035***	-0.064***	0.034***	0.031***	1			
6 融资约束	0.036***	0.064***	0.031***	-0.051***	-0.006	1		
7 企业规模	0.197***	0.229***	-0.011	0.218***	-0.166***	-0.084***	1	
8 企业年龄	-0.094***	-0.092***	0.172***	-0.025***	0.048***	-0.035***	-0.008	1
9 资产报酬率	0.025	0.109***	0.103***	-0.095***	0.023	0.288***	0.039***	-0.054***

注:***、**、*分别表示估计系数在1%、5%、10%水平上显著。

2. 企业创新能力与国际市场退出行为的计量模型

为了考察创新能力对企业国际市场退出行为的影响，我们在已有文献基础上，将创新变量纳入企业国际化决策模型之中，建立研究企业国际市场退出决策的 Probit 模型，具体如下：

$$P(\text{Oversea\_exit}_{it} = 1) = \Phi(\alpha + \beta \text{Innovation}_{it} + \gamma Z_{it} + \mu_j + u_t + \varepsilon_{ijt}) \tag{4.3}$$

$$P(\text{Oversea\_exit}_{it} = 1) = \Phi(\alpha + \beta_1 \text{Innovation}_{it} + \beta_2 \text{IPR}_{kt} + \beta_3 \text{Innovation}_{it}$$
$$\times \text{IPR}_{kt} + \gamma Z_{it} + \mu_j + u_t + \varepsilon_{ijt}) \tag{4.4}$$

其中，i 代表企业，t 代表年份，j 代表行业，k 代表地区。被解释变量 Oversea_exit_{it} 为企业国际市场退出的虚拟变量，当企业 i 在第 t + 1 年的海外市场销售额为 0 时，取值为 1，表明企业下一年退出国际市场，反之为 0。核心解释变量 Innovation_{it} 代表企业创新指标，IPR_{kt} 为地区知识产权保护，Z_{it} 为控制变量，包括企业年龄、企业规模、融资约束、资产报酬率等企业异质性的影响。μ_j、u_t、ε_{ijt} 分别代表行业效应、时间效应及随机误差项。

企业创新能力（Innovation_{it}）：这里采用企业当年的专利申请数来衡量。因为专利授权需要检测和缴纳年费，不确定性和不稳定性更高（黎文靖、郑曼妮，2016），相比而言，专利申请数更能真实有效的反映企业的创新能力。但由于部分企业专利申请量为 0，故采用企业专利申请量加 0.1 后取对数来表示。

地区知识产权保护（IPR_{kt}）：以各省份的人均专利申请量、人均专利授予量、知识产权被侵权率、知识产权执法结案率为基础，通过主成分分析法构建地区知识产权保护度，具体见本章。

企业年龄：根据生命周期理论，随着企业年龄增长，投资规模逐步扩大，生产管理方式日渐成熟，品牌和声誉得以塑造和积累，由此推断，企业年龄越大，越有可能进行海外市场，并更好地应对国际市场上的风险。书中用当年年份减去开业年份再加 1 后取对数来衡量，该指标也在一定程度上反映了企业在国内外市场积累的经营经验。

企业规模：以克鲁格曼为代表的新贸易理论强调了国际贸易中规模因素的重要作用，新新贸易理论也认为企业出口会受到规模因素的影响，企业规模越大，越容易出口（Bernard and Jensen，2004）。此外，企业规模也在一定程度上反映了企业自身的实力，规模越大的企业更具有跨越国际市场贸易壁垒的实力。我们用企业从业人数加 1 后取对数来衡量企业规模。

所有权结构：这里采用虚拟变量表示，若上市公司的实际控制人为中央和地方的国资委、政府机构、国有企业时取值为 1，否则为 0。

其他控制变量还包括营销能力、融资约束、资产报酬率。其中，营销能力，用人均销售收入来衡量。融资约束，这里采用流动资产减去流动负债的差额除以总资产来表示，该数值越大，反映企业所受的融资约束越小。资产报酬率，用企业的净利润除以总资产来表示。

3. 样本数据说明

研究中所采用的样本来自 2004~2015 年中国所有 A 股上市公司，在数据整理中剔除 ST 的企业以及数据不完整的公司。其中，上市公司的专利数据和财务数据来自国泰安（CSMAR）数据库，上市公司的国际化经营数据来自毕威迪（BVD）数据库。通过数据库匹配，最终获得包括上市公司的经营财务数据、专利申请量、有效专利数、股权性质、国内外销售情况等信息的企业数据库。

国际化企业通常包括新进入国际市场企业、持续进入国际市场企业和间断进入国际市场企业。对于在样本观测期初就进入国际市场的企业而言，由于无法确定其进入国际市场的准确时间，也无法测度其在样本观测期之前的国际市场表现，因而，在关于企业国际市场进入的研究中舍弃了这部分研究样本，即研究企业国际市场进入时以样本观测期初期未进入国际市场的企业为研究对象。在关于企业国际市场退出及存续的研究中，则是以样本观测期初期就已经进入国际市场的企业为研究对象，即主要考察已进入国际市场企业的市场退出和市场存续活动。

4.1.4　创新与企业国际市场进入：实证分析

1. 基准估计结果

表 4-2 报告了创新能力与企业国际市场进入决策的 Probit 模型估计结果。其中，第（1）列是仅包含控制变量，第（2）列则加入核心解释变量创新能力，在此基础上，第（3）列加入地区知识产权保护和所有权两个调节变量，第（4）列、第（5）列则分别加入创新能力与地区知识产权保护、创新能力与所有权的交互项，第（6）列则同时放入创新能力与地区知识产权保护、创新能力与所有权的交互项。由第（2）~（6）列可以看出，核心解释变量创新能力的估计系数均为正（β 分别为 0.0241、0.0236、0.0231、0.0191、0.0180）且高度显著（P < 0.01），表明增强创新能力对企业进入国际市场决策具有积极的推动作用。假设 1 得以验证，进一步表明创新能力对企业进入国际市场发挥着重要作用，创新能力越强的企业，国际市场进入的概率更高。

结合表 4-2 第（4）列和第（6）列，可以看出创新能力与地区知识产权保护的交互项系数分别为 0.1165、0.1296，均在 1% 的显著性水平显著，说明地区知识产权保护有助于增强创新能力对企业国际市场进入的积极作用，换言之，企业所在地区的知识产权保护水平越高，创新能力对企业进入国际市场的推动作用就越强，这恰好印证假设 2。

结合表 4-2 第（5）列和第（6）列，可以看出创新能力与所有权的交互项系数显著为正（β = 0.0086，P < 0.05；β = 0.0097，P < 0.01），说明所有权在创新能力对企业国际市场进入关系中存在正向调节作用，即与非国有企业相比，提高创新能力对国有企业进入国际市场的推动作用更大，假设 3 得以验证。

就控制变量而言：营销能力的系数显著为正，说明销售能力越强的企业进入国际市场的概率越大；融资约束的系数均显著为正，而融资约束指标本身数值越大，反映企业所受的融资约束越小，因此，回归中融资约束的系数显著为正，说明企业所受的融资约束越小，企业进入国际市场概率越高；企业规模的系数均显著为正，表明规模越大的企业越容易进入国际市场，这与瓦尔尼和努尔米（Ilmakunnas and Nurmi，2010）研究所得结论一致；企业年龄的系数基本上显著为正，反映了企业累计的经验、信誉和风险应对能力在企业国际市场进入决策中也扮演着重要角色。

表4-2 创新对企业国际市场进入影响的 Probit 模型估计结果（平均边际效应）

变量	(1)	(2)	(3)	(4)	(5)	(6)
被解释变量			企业下一年是否进入国际市场			
核心解释变量						
创新能力		0.0241 *** (0.0019)	0.0236 *** (0.0019)	0.0231 *** (0.0019)	0.0191 *** (0.0026)	0.0180 *** (0.0027)
调节变量						
知识产权保护			0.2793 *** (0.0943)	0.4040 *** (0.1042)	0.2793 *** (0.0942)	0.4177 *** (0.1041)
所有权			−0.0069 (0.0088)	−0.0057 (0.0088)	−0.0035 (0.0089)	−0.0017 (0.0089)
交互项						
创新能力 * 知识产权保护				0.1165 *** (0.0430)		0.1296 *** (0.0432)
创新能力 * 所有权					0.0086 ** (0.0034)	0.0097 *** (0.0034)

续表

变量	（1）	（2）	（3）	（4）	（5）	（6）
控制变量						
营销能力	0.0007***	0.0007**	0.0007**	0.0007**	0.0007**	0.0007**
	（0.0003）	（0.0003）	（0.0003）	（0.0003）	（0.0003）	（0.0003）
融资约束	0.0638***	0.0328**	0.0300**	0.0308**	0.0315**	0.0325**
	（0.0152）	（0.0149）	（0.0149）	（0.0150）	（0.0149）	（0.0149）
企业规模	0.0590***	0.0480***	0.0487***	0.0489***	0.0484***	0.0486***
	（0.0033）	（0.0034）	（0.0035）	（0.0035）	（0.0035）	（0.0035）
企业年龄	0.0167	0.0397***	0.0389***	0.0399***	0.0377***	0.0386***
	（0.0138）	（0.0138）	（0.0138）	（0.0138）	（0.0138）	（0.0138）
总资产报酬率	−0.0010**	−0.0013**	−0.0014***	−0.0014***	−0.0014***	−0.0014***
	（0.0005）	（0.0005）	（0.0005）	（0.0005）	（0.0005）	（0.0005）
年份	是	是	是	是	是	是
行业	是	是	是	是	是	是
观测值	9841	9841	9841	9841	9841	9841
Pseudo R^2	0.1689	0.1818	0.1826	0.1833	0.1832	0.1840
Log likelihood	−4778.586	−4704.4218	−4699.5564	−4695.8997	−4696.2848	−4691.794
LR chi2	1942.23	2090.56	2100.29	2107.60	2106.83	2115.81
Prob > chi2	0.0000	0.0000	0.0000	0.0000	0.0000	0.0000

注：括号中为标准差，***、**、*分别表示1%、5%、10%的显著性水平。

2. 基于行业差异的进一步分析

考虑到不同行业对知识产权保护的敏感度可能存在差异，我们借鉴王明益、石丽静（2018）的做法，把制造业按要素密集度划分为劳动密集型、资本密集型和技术密集型三类，通过分样本回归，进一步考察知识产权保护在创新与企业国际市场进入中调节作用的行业差异，回归结果见表4－3。

表4－3　　　　创新对企业国际市场进入影响的分行业估计结果

变量	（1） 劳动密集型	（2） 资本密集型	（3） 技术密集型
被解释变量	企业下一年是否进入国际市场		
解释变量			
创新能力	0. 0297 *** （0. 0079）	0. 0367 *** （0. 0078）	0. 0183 *** （0. 0060）
知识产权保护	1. 3046 *** （0. 3011）	0. 4151 （0. 2736）	0. 6041 ** （0. 2841）
创新能力 * 知识产权保护	0. 6971 *** （0. 1281）	－ 0. 1259 （0. 1195）	－ 0. 1027 （0. 1058）
控制变量	是	是	是
年份	是	是	是
观测值	1118	1682	2114
Pseudo R^2	0. 1222	0. 0898	0. 0955
Log likelihood	－ 658. 618	－ 1049. 477	－ 1303. 719
LR chi2	183. 30	207. 00	275. 17
Prob > chi2	0. 0000	0. 0000	0. 0000

注：括号中为标准差，*** 、** 、* 分别表示1%、5%、10%的显著性。

可以看出，表4－3第（1）～第（3）列中，创新能力的系数均显著为正，表明无论是劳动密集型行业、资本密集型行业还是技术密集型行业，增强创新能力均有助于企业进入国际市场。而创新能力与知识产权保护的交互项的系数在第（1）列中显著为正（β = 0.6971，P ＜ 0.01），在第（2）列和第（3）列中均为负且不显著，这表明在劳动密集型行业中，知识产权保护有助于增强创新对企业国际市场进入的积极作用，但在资本密集型行业和技术密集型行业中，知识产权保护的调节作用却不显著。可能的原因是，在资本密集型和技术密集型行业中，地区知识产权保护水平与企业创新力没有实现合理匹配，即尽管地区知识产权保护水平提高有利于推动当地企业的国际化进程，但对于资本密集型特别是技术密集型行业而言，这些行业企业的创新能力相对更高，地区知识产权保护水平还远不能满足其对知识产权保护的需求，这种对知识产权保护的高需求与低供给之间的矛盾和错配，最终对企业进入国际市场产生一定程度的消极影响。

3. 基于地区差异的进一步分析

创新能力对不同地区企业进入国际市场的影响可能存在差异性，为此，本书根据中国统计局的地区划分标准，将样本企业的所在地区划分为东部、中部、东北和西部四大经济区，然后进行分样本回归，估计结果见表 4 - 4。第（1）列、第（2）列、第（3）列和第（4）列分别代表东部地区、中部地区、西部地区和东北地区样本企业的回归结果，在这四个分样本回归中，创新能力的系数均显著为正（$\beta = 0.0249$，$P < 0.01$；$\beta = 0.0342$，$P < 0.01$；$\beta = 0.0106$，$P < 0.05$；$\beta = 0.0347$，$P < 0.01$），由此可见，无论是东部地区、中部地区、西部地区还是东北地区的企业，增强创新能力均有助于促进企业进入国际市场。

表 4 - 4　　　　　　创新对企业国际市场进入影响的地区差异

变量	（1）东部	（2）中部	（3）西部	（4）东北
被解释变量	企业下一年是否进入国际市场			
核心解释变量				
创新能力	0.0249 *** (0.0027)	0.0342 *** (0.0043)	0.0106 ** (0.0044)	0.0347 *** (0.0081)
控制变量				
地区知识产权保护	- 0.0291 (0.1661)	0.5280 (0.4564)	- 0.1869 (0.1297)	0.2533 (0.9619)
所有权	0.0039 (0.0121)	0.0570 ** (0.0229)	- 0.0610 *** (0.0188)	0.1554 *** (0.0402)

续表

变量	(1) 东部	(2) 中部	(3) 西部	(4) 东北
营销能力	0.0007 ** (0.0003)	0.0027 (0.0018)	− 0.0019 (0.0050)	− 0.0020 (0.0038)
融资约束	− 0.0060 (0.0211)	− 0.0097 (0.0256)	0.0470 (0.0288)	0.1513 ** (0.0644)
人员规模	0.0491 *** (0.0045)	0.0232 *** (0.0090)	0.0708 *** (0.0087)	0.0161 (0.0145)
企业年龄	0.0481 *** (0.0186)	− 0.1107 *** (0.0370)	0.0553 * (0.0327)	0.1227 ** (0.0623)
资产回报率	− 0.0024 *** (0.0008)	− 0.0007 (0.0012)	− 0.0006 (0.0009)	0.0057 ** (0.0026)
年份	控制	控制	控制	控制
行业	控制	控制	控制	控制
观测值	5459	1627	2024	653
Pseudo R^2	0.1873	0.2463	0.2205	0.3435
Log likelihood	− 2696.56	− 720.93	− 834.98	− 228.61
LR chi2	1242.57	471.22	472.33	239.27
Prob > chi2	0.0000	0.0000	0.0000	0.0000

注：括号中为标准差，***、**、*分别表示1%、5%、10%的显著性水平。

4. 稳健性检验与内生性分析

基准回归模型中，核心解释变量企业创新能力采用的是企业专利申请数的对数值，而企业的有效专利数也反映了企业当前的创新水平和垄断优势，为此，我们用企业有效专利数的对数值作为企业创新能力的代理变量，重新进行 Probit 模型回归，结果见表 4 - 5。

对比表 4 - 2 和表 4 - 5 可以发现，用企业有效专利数衡量企业创新能力后，核心解释变量创新能力的系数依然显著为正，创新能力与地区知识产权保护、创新能力与所有权的交互项系数，在符号和显著性上并未发生明显的变化。可见，企业创新能力采用不同测度方法对估计结果影响不明显，本书结论比较稳健。

表 4 – 5　　　创新对企业进入国际市场的影响（稳健性检验）

变量	(1) Probit	(2) Probit	(3) Probit	(4) Probit	(5) Probit	(6) 2SLS
被解释变量	企业下一年是否进入国际市场					
核心解释变量						
创新能力	0.0195 *** (0.0018)	0.0192 *** (0.0018)	0.0189 *** (0.0018)	0.0143 *** (0.0023)	0.0132 *** (0.0024)	0.1838 *** (0.0404)
调节变量						
地区知识产权保护		0.3024 *** (0.0942)	0.4738 *** (0.1025)	0.3031 *** (0.0941)	0.4869 *** (0.1023)	
所有权		-0.0076 (0.0089)	-0.0062 (0.0088)	-0.0095 (0.0089)	-0.0083 (0.0088)	
交互项						
创新能力 * 地区知识产权保护			0.1475 *** (0.0338)		0.1586 *** (0.0339)	
创新能力 * 所有权				0.0093 *** (0.0029)	0.0106 *** (0.0029)	
控制变量	是	是	是	是	是	是
年份	是	是	是	是	是	是
行业	是	是	是	是	是	是
观测值	9841	9841	9841	9841	9841	9841
Pseudo R^2	0.1793	0.1802	0.1819	0.1811	0.1831	0.1203
Log likelihood	-4719.0614	-4713.3299	-4703.7357	-4708.2631	-4697.2047	
LR chi2	2061.28	2072.74	2091.93	2082.88	2104.99	
Prob > chi2	0.0000	0.0000	0.0000	0.0000	0.0000	

续表

变量	(1) Probit	(2) Probit	(3) Probit	(4) Probit	(5) Probit	(6) 2SLS
Kleibergen – Paap rk LM 统计量						40. 373 ***
Cragg – Donald 统计量						47. 394

注：括号中为标准差，***、**、*分别表示1%、5%、10%的显著性水平。

上述研究表明，创新能力越强的企业进入国际市场的概率越高，这可能存在反向因果引起的潜在的内生性问题。我们采用以下方法来降低内生性问题：第一，在回归中将所有解释变量都滞后一期。这样企业当期的国际市场进入决策将无法影响其前一期的创新能力，这在一定程度上缓解了内生性问题。第二，工具变量法。采用企业所在省份上一年度的人均专利申请量作为企业创新能力的工具变量。由于各省份的专利申请情况为地区企业开展研发创新提供一定的基础，从而各省份人均专利申请量与企业创新能力存在正相关关系，但各省份人均专利申请属于宏观层面，很难受到该地区某一企业未来的国际市场进入行为的影响，从而避免了创新能力与国际市场进入之间的双向因果问题。两阶段最小二乘的第一阶段回归结果表明，各省份人均专利授予量与企业创新能力显著正相关（$\beta = 0.0162$，$P < 0.01$）。Kleibergen – Paap rk LM 统计量为40. 373，P值为0. 0000，强烈拒绝不可识别的原假设。Cragg – Donald统计量为47. 394，显然弱工具变量问题并不存在。两阶段回归结果见表4-5第（6）列，可以看出，在考虑内生性后，创新能力的系数在1%水平下显著为正（$\beta = 0.1838$），即增强创新能力有助于推动企业进入国际市场，从而验证本书研究结论的可靠性。

4.1.5　创新与企业国际市场退出：实证分析

1. 基本估计结果

表4－6报告了创新能力与企业国际市场退出的 Probit 模型回归结果。其中，第（1）列仅包含控制变量，第（2）列则加入核心解释变量创新能力，第（3）列加入调节变量地区知识产权保护，在此基础上，第（4）列加入创新能力与地区知识产权保护的交互项。由第（2）~（4）列可以看出，核心解释变量创新能力的估计系数均显著为负（β 分别为 −0.0122、−0.0120、−0.0120，P < 0.01），表明增强创新能力降低了企业从国际市场退出的可能性。假设4得以验证，进一步表明创新能力越强的企业，从国际市场退出的概率更低。

表4－6第（4）列可以看出，创新能力与地区知识产权保护的交互项系数显著为负（β = 0.1008，P < 0.05），说明企业所在地区的知识产权保护水平越高，提高创新能力越有助于降低企业国际市场退出的概率，这恰好印证理论假设2。

就控制变量而言：营销能力的系数显著为负，说明销售能力越强的企业从国际市场退出的概率越低；融资约束的系数均显著为负，而融资约束指标本身数值越大，反映企业所受的融资约束越小，因此，回归中融资约束的系数显著为负，说明企业所受的融资约束越小，企业退出国际市场的概率越低；企业规模的系数均显著为负，表明规模越大的企业从国际市场退出的概率越低；企业年龄的系数显著为正，说明成立时间越长的企业从国际市场退出的概率越高，这从侧面表明年轻企业在国际市场走得更远。所有权的系数为正，但只在10%的水平上显著，在一定程度上说明了国有企业比非国有企业更容易从国际市场上退出。

表 4 – 6   创新对企业国际市场退出影响的
Probit 模型估计结果 （平均边际效应）

变量	（1）	（2）	（3）	（4）
被解释变量	企业下一年是否从国际市场退出			
核心解释变量				
创新能力		− 0. 0122 *** （0. 0020）	− 0. 0120 *** （0. 0020）	− 0. 0120 *** （0. 0020）
调节变量				
地区知识产权保护			− 0. 2591 ** （0. 1061）	− 0. 4297 *** （0. 1275）
交互项				
创新能力 * 地区知 识产权保护				− 0. 1008 ** （0. 0429）
控制变量				
营销能力	− 0. 0025 ** （0. 0012）	− 0. 0026 ** （0. 0012）	− 0. 0025 ** （0. 0012）	− 0. 0026 ** （0. 0012）
融资约束	− 0. 0959 *** （0. 0174）	− 0. 0830 *** （0. 0174）	− 0. 0818 *** （0. 0174）	− 0. 0816 *** （0. 0174）
企业规模	− 0. 0296 *** （0. 0042）	− 0. 0241 *** （0. 0043）	− 0. 0242 *** （0. 0043）	− 0. 0239 *** （0. 0043）
企业年龄	0. 0806 *** （0. 0132）	0. 0699 *** （0. 0132）	0. 0703 *** （0. 0132）	0. 0707 *** （0. 0132）
总资产报酬率	− 0. 0000 （0. 0006）	− 0. 0000 （0. 0006）	− 0. 0000 （0. 0006）	− 0. 0000 （0. 0006）
所有权	0. 0228 ** （0. 0098）	0. 0183 * （0. 0098）	0. 0172 * （0. 0098）	0. 0157 （0. 0098）
年份	是	是	是	是
行业	是	是	是	是
观测值	6389	6389	6389	6389
Pseudo R^2	0. 1137	0. 1203	0. 1214	0. 1224

续表

变量	（1）	（2）	（3）	（4）
Log likelihood	-2388.5471	-2370.6684	-2367.755	-2365.0178
LR chi2	612.65	648.40	654.23	659.71
Prob > chi2	0.0000	0.0000	0.0000	0.0000

注：括号中为标准差，***、**、*分别表示1%、5%、10%的显著性水平。

2. 不同行业分样本回归结果

创新能力对不同行业的企业国际市场退出行为的影响可能存在差异性，为此，本书选取样本中前八大制造业行业企业为研究对象，分样本考察了创新能力对八大制造业行业企业国际市场退出行为的影响，估计结果见表4-7。可以看出，化学原料和化学制品业、非金属矿制品业、通用设备制造业、专用设备制造业中，创新能力的系数显著为负（系数依次为-0.0186、-0.0408、-0.0157、-0.0250），说明增强创新能力对降低这四大行业企业国际市场退出具有重要影响。在医药制造业、汽车制造业、电气机械和器材制造业及计算机通信和其他电子设备行业，创新能力的系数不显著，这表明在这四大行业中，提高创新能力对降低行业内企业国际市场退出的作用并不明显。

表4-7　　　　　　创新对企业国际市场退出影响的行业差异

（八大制造业细分行业）

行业类别	（1）化学原料和化学制品	（2）医药制造业	（3）非金属矿物制品业	（4）通用设备制造业	（5）专用设备制造业	（6）汽车制造业	（7）电气机械和器材制造业	（8）计算机通信和其他电子设备
解释变量								
创新能力	-0.0186*** (0.0068)	-0.0100 (0.0111)	-0.0408*** (0.0103)	-0.0157** (0.0075)	-0.0250*** (0.0077)	-0.0000 (0.0000)	-0.0030 (0.0066)	0.0062 (0.0046)

续表

行业类别	(1) 化学原料 和化学 制品	(2) 医药 制造业	(3) 非金属矿 物制品业	(4) 通用设备 制造业	(5) 专用设备 制造业	(6) 汽车 制造业	(7) 电气机械 和器材 制造业	(8) 计算机通 信和其他 电子设备
控制变量								
地区知识 产权保护	1.0525 ** (0.5105)	− 0.8458 (1.0180)	1.1330 (1.3629)	− 0.9008 (0.6578)	− 0.1413 (0.9519)	0.0015 (0.0000)	− 0.7494 (0.4608)	1.0099 * (0.5959)
营销能力	0.0158 * (0.0082)	− 0.0900 (0.0631)	0.0366 (0.0368)	0.0059 (0.0089)	0.0390 (0.0314)	0.0002 (0.0000)	− 0.0004 (0.0051)	0.0027 (0.0058)
融资约束	0.1287 ** (0.0630)	− 0.1069 (0.1312)	0.0913 (0.0967)	− 0.0690 (0.0557)	0.1396 * (0.0826)	0.0016 (0.0000)	− 0.0268 (0.0875)	− 0.1381 *** (0.0330)
企业规模	− 0.0089 (0.0179)	0.0511 * (0.0302)	0.0000 (0.0236)	− 0.0769 *** (0.0240)	0.0259 (0.0179)	0.0005 (0.0000)	− 0.0415 ** (0.0180)	− 0.0465 *** (0.0095)
企业年龄	0.0987 ** (0.0415)	− 0.0677 (0.0807)	0.1535 * (0.0919)	0.1554 *** (0.0562)	0.0534 (0.0411)	− 0.0005 (0.0000)	− 0.0428 (0.0359)	0.0381 (0.0269)
总资产报 酬率	0.0001 (0.0018)	− 0.0029 (0.0040)	− 0.0025 (0.0035)	0.0025 (0.0020)	− 0.0043 * (0.0022)	− 0.0001 (0.0000)	0.0026 (0.0028)	0.0009 (0.0010)
所有权	0.1280 *** (0.0299)	− 0.0140 (0.0508)	0.0323 (0.0512)	0.0619 * (0.0374)	− 0.0937 * (0.0483)	− 0.0003 (0.0000)	− 0.0607 (0.0499)	0.0417 ** (0.0192)
年份	控制	控制	控制	控制	控制	控制	控制	控制
观测值	583	346	188	319	378	146	431	892
Pseudo R^2	0.1395	0.0593	0.2701	0.2604	0.1658	1	0.1118	0.1649
Log likelihood	− 180.68	− 181.46	− 49.53	− 83.15	− 83.26	0	− 112.09	− 208.97
LR chi2	58.59	22.88	36.65	58.55	33.10	67.59	28.23	82.50
Prob > chi2	0.0000	0.1951	0.0014	0.0000	0.0045		0.0587	0.0000

注：括号中为标准差，***、**、*分别表示1%、5%、10%的显著性水平。

3. 不同地区分样本回归结果

创新能力对不同地区企业国际市场退出的影响可能存在差异性，为此，本书根据中国统计局的地区划分标准，将样本企业的所在地区划分为东部、中部、东北和西部四大经济区，然后进行分样本回归，估计结果如表4-8所示，第（1）列、第（3）列中，创新能力的系数均显著为负，由此可见，增强创新能力有助于降低东部和西部企业的国际市场退出的可能性。但在中部和东北地区企业中，系数均不显著。

表4-8　　　　　创新对企业国际市场退出影响的地区差异

变量	（1）东部	（2）中部	（3）西部	（4）东北
被解释变量	企业下一年是否从国际市场退出			
核心解释变量				
创新能力	-0.0122*** (0.0024)	-0.0070 (0.0062)	-0.0196*** (0.0070)	0.0018 (0.0154)
控制变量				
地区知识产权保护	0.4571 (0.3611)	0.3035 (0.6120)	0.0148 (0.1850)	0.2482 (1.7168)
营销能力	-0.0022* (0.0012)	0.0131 (0.0092)	-0.0102 (0.0085)	-0.0168*** (0.0055)
融资约束	-0.0758*** (0.0195)	-0.0898 (0.0679)	-0.2202*** (0.0591)	0.0249 (0.1256)
企业规模	-0.0273*** (0.0050)	0.0126 (0.0122)	-0.0432*** (0.0155)	-0.0831*** (0.0309)
企业年龄	0.0937*** (0.0150)	0.1124** (0.0464)	-0.0339 (0.0510)	0.0111 (0.0797)
资产回报率	-0.0009 (0.0007)	0.0015 (0.0020)	0.0059*** (0.0020)	-0.0022 (0.0022)
所有权	-0.0114 (0.0120)	-0.0020 (0.0294)	-0.0562 (0.0362)	0.3251*** (0.0746)
年份	控制	控制	控制	控制
行业	控制	控制	控制	控制
观测值	4264	869	721	269

续表

变量	(1) 东部	(2) 中部	(3) 西部	(4) 东北
Pseudo R^2	0.1347	0.2212	0.1747	0.2370
Log likelihood	−1428.3469	−327.78729	−307.56601	−118.45124
LR chi2	444.79	186.25	130.19	73.60
Prob > chi2	0.0000	0.0000	0.0000	0.0000

注：括号中为标准差，***、**、*分别表示1%、5%、10%的显著性水平。

4. 稳健性检验与内生性分析

（1）稳健性检验。

基准回归模型中，核心解释变量企业创新能力采用的是企业专利申请数的对数值，而企业的有效专利数也反映了企业当前的创新水平和垄断优势，为此，我们用企业有效专利数的对数值作为企业创新能力的代理变量，重新进行Probit模型回归，结果见表4-9。对比表4-6和表4-9可以发现，用企业有效专利数衡量企业创新能力后，核心解释变量创新能力的系数依然显著为负，创新能力与地区知识产权保护、创新能力与所有权的交互项系数和显著性也未发生显著变化。可见，企业创新能力采用不同测度方法对估计结果影响不明显，本书结论比较稳健。

表4-9　　　　　创新对企业国际市场退出的影响稳健性检验
（用有效专利数作为替代变量）

变量	(1) Probit	(2) Probit	(3) Probit	(4) 2SLS
被解释变量	企业下一年是否退出国际市场			
核心解释变量				
创新能力	−0.0127 *** (0.0019)	−0.0125 *** (0.0019)	−0.0126 *** (0.0019)	−0.0675 *** (0.0122)

续表

变量	（1） Probit	（2） Probit	（3） Probit	（4） 2SLS
调节变量				
地区知识产权保护		- 0. 2497 ** （0. 1060）	- 0. 4522 *** （0. 1420）	
交互项				
创新能力 * 地区知 识产权保护			- 0. 0813 ** （0. 0389）	
营销能力	- 0. 0027 ** （0. 0012）	- 0. 0025 ** （0. 0012）	- 0. 0026 ** （0. 0012）	- 0. 0048 *** （0. 0016）
融资约束	- 0. 0830 *** （0. 0173）	- 0. 0818 *** （0. 0173）	- 0. 0821 *** （0. 0173）	0. 0050 （0. 0267）
企业规模	- 0. 0241 *** （0. 0042）	- 0. 0242 *** （0. 0042）	- 0. 0239 *** （0. 0042）	- 0. 0012 （0. 0086）
企业年龄	0. 0699 *** （0. 0131）	0. 0703 *** （0. 0131）	0. 0702 *** （0. 0131）	0. 1070 *** （0. 0155）
资产回报率	- 0. 0001 （0. 0006）	- 0. 0001 （0. 0006）	- 0. 0001 （0. 0006）	0. 0006 （0. 0009）
所有权	0. 0171 * （0. 0098）	0. 0160 （0. 0098）	0. 0146 （0. 0098）	- 0. 0428 ** （0. 0202）
年份	是	是	是	是
行业	是	是	是	是
观测值	6389	6389	6389	5224
Pseudo R^2	0. 1216	0. 1226	0. 1234	
Log likelihood	- 2367. 1015	- 2364. 3861	- 2362. 2166	
LR chi2	655. 54	660. 97	665. 31	
Prob > chi2	0. 0000	0. 0000	0. 0000	
Kleibergen - Paap rk LM 统计量				109. 375 ***
Cragg - Donald 统计量				131. 354

注：括号中为标准差，*** 、** 、* 分别表示1% 、5% 、10% 的显著性水平。

（2）内生性分析。

上述研究表明，企业的创新能力越强，其从国际市场退出的概率越低，这可能存在反向因果引起的潜在的内生性问题。我们采用以下方法来降低内生性问题：第一，将所有解释变量都滞后一期。这样企业当期的国际市场退出决策将无法影响其前一期的创新能力，这在一定程度上缓解了内生性问题。第二，工具变量法。采用企业所在省份上一年度的人均专利申请量作为企业创新能力的工具变量。由于各省份的专利申请情况为地区企业开展研发创新提供一定的基础，从而各省份人均专利申请量与企业创新能力存在正相关关系，但各省份人均专利申请属于宏观层面，很难受到该地区某一企业未来的国际市场退出行为的影响，从而避免了创新能力与国际市场退出之间的双向因果问题。两阶段最小二乘的第一阶段回归结果表明，各省份人均专利授予量与企业创新能力显著正相关（$\beta = 0.0401$，$P < 0.01$）。Kleibergen – Paap rk LM 统计量为 109.375，P 值为 0.0000，强烈拒绝不可识别的原假设。Cragg – Donald 统计量为 131.354，显然弱工具变量问题并不存在。两阶段回归结果见表 4 – 9 第（4）列，可以看出，在考虑内生性后，创新能力的系数在 1% 水平下仍然显著为负（$\beta = -0.0675$，$P < 0.01$），即增强创新能力有助于降低企业退出国际市场的概率，说明本书的研究结论比较稳健。

4.1.6　创新与企业国际市场存活

以上研究分析了创新能力对企业国际市场进入、企业国际市场退出的影响，我们感兴趣的另一个问题是创新能力对企业进入国际市场后存活表现的影响。为此，我们采用存活模型（Survival Model）来估计进入国际市场后的企业国际市场存活期，重点考察企业创新能力对国际市场存活期的影响。具体而言，通过使用危险函数（Hazard Function）为 log-logistic 分布的加速失效模型（Accelerated Failure Time model，即 AFT 模型）来考察企业国际市场存续表现。需要注意的是，本书中是以新进入国际市场的企业为研究对象，即在样本观测期第一年企业海外市场销售额为 0 的企业为样本。我们定义企业从国际市场退出为风险事件，企业的国际市场存续期 K 为某一企业进入国际市场（海外销售额大于 0）到退出国际市场（海外销售额为 0）所持续的年数。

删失数据（Censored Data）和企业多个国际市场存续片段（Multiple Spells）是生存分析法需要注意的两个问题。删失数据包括左删失和右删失，左删失是指企业在进入样本第一年已经进入国际市场的企业，由于无法判断企业进入国际市场的真正年份，我们以新进入国际市场的企业为研究对象，以避免左删失问题对企业国际市场存续的低估（叶宁华等，2015）。右删失是指企业在样本观测期并未退出国际市场，即风险事件并未发生，但生存分析法能够很好地解决右删失问题（陈勇兵等，2012；毛其淋和盛斌，2013）。企业多个国际市场存续片段是指企业在样本观测期曾退出国际市场，之后再次选择进入国际市场，这样就会存在某个企业两个或多个国际市场存续片段。关于一个企业存在多个存续片段问题，有学者将其视为不同的样本来处理（陈勇兵等，2012），有学者则采用间隔调整方法，将间隔一年的两个存续片段视为一个存续期（黄先海等，2016），也有学者发现，无论选择哪种方法对结果均不会产生显著的影响（Besedes and Prusa，2006）。我们参考陈勇兵等（2012），将多国际市场存续片段视为不同的国际市场存续。

表 4-10 是采用存活模型就创新能力与企业国际市场存活期限的影响进行估计的结果。在估计中我们以 5 年为界，将企业国际市场存活期分为两个时期，存活期在 1 至 5 年为短期，存活期在 6 至 11 年为长期。表 4-10 第（1）列是全样本估计结果，即将存活期为 1 到 11 年的所有企业为研究对象。第（2）列是样本短期估计结果，即将存活期为 1 到 5 年的企业作为估计考察对象。第（3）列是样本长期估计结果，即将存活期超过 6 年的企业来进行分析。第（4）～（7）列则是东部地区和中西部地区按照存活期进行分样本回归的结果。

表 4 - 10　　　　创新对企业国际市场存活期的影响（存活模型）

存活期	全样本			东部		中西部	
	1~11 年	1~5 年	6~11 年	1~5 年	6~11 年	1~5 年	6~11 年
	(1)	(2)	(3)	(4)	(5)	(6)	(7)
解释变量							
创新能力	0.0657**	0.0665***	0.0201	0.0538**	0.0088	0.0880**	0.0520
	(0.0281)	(0.0220)	(0.0264)	(0.0252)	(0.0282)	(0.0440)	(0.0608)
所有权	-0.2488*	-0.3239***	0.1679	-0.3142**	0.0954	-0.3633*	0.2067
	(0.1429)	(0.1187)	(0.1109)	(0.1449)	(0.1262)	(0.2156)	(0.2051)
营销能力	0.0064	0.0039	0.0001	0.0030	-0.0024	-0.0004	0.0843
	(0.0146)	(0.0116)	(0.0104)	(0.0084)	(0.0102)	(0.0615)	(0.1052)
融资约束	-0.4019	0.1444	0.0897	0.1221	0.1356	0.0678	0.2158
	(0.3036)	(0.2385)	(0.3057)	(0.2848)	(0.3784)	(0.4468)	(0.5778)
企业规模	-0.1236**	-0.0014	-0.0142	-0.0154	-0.0907	0.0246	0.2492
	(0.0616)	(0.0515)	(0.0593)	(0.0558)	(0.0667)	(0.1145)	(0.1567)
企业年龄	-0.5673***	0.0184	-0.2410	0.0300	-0.1431	-0.0569	-0.2946
	(0.1980)	(0.1722)	(0.1728)	(0.2072)	(0.1991)	(0.3192)	(0.2718)
资产回报率	0.0065**	0.0043**	0.0011	0.0046	0.0047	0.0038	-0.0099
	(0.0030)	(0.0022)	(0.0031)	(0.0044)	(0.0053)	(0.0029)	(0.0099)
常数项	6.2118***	1.2676	3.3105**	1.5748	4.6879***	0.8776	-2.1317
	(1.3729)	(1.1704)	(1.3437)	(1.3338)	(1.5352)	(2.4918)	(3.5233)
ln_gam	-0.3873***	-0.7742***	-1.3742***	-0.8499***	-1.4406***	-0.6717***	-1.4591***
	(0.0628)	(0.0668)	(0.1548)	(0.0836)	(0.1826)	(0.1119)	(0.2961)
观测值	514	372	142	246	95	126	47
Prob > chi2	0.0009	0.0001	0.6510	0.0122	0.6831	0.2174	0.1005

注：括号中为标准差，***、**、*分别表示1%、5%、10%的显著性水平。

由表 4 - 10 第（1）列可以看出，创新能力的系数显著为正（β = 0.0657，P < 0.05），表明创新能力对企业在国际市场的存活期限存在显著的正向影响，即企业初始创新能力越强，其在国际市场存续越久。企

业进入国际市场需要应对来自海外不同国家的政治、法律、技术等方面的挑战和风险。通过技术创新可以帮助企业更好地应对这些危及企业生存前景的风险。首先，专利包括发明、实用新型和外观设计等，与发明和实用新型相比，外观设计的成本相对比较低，却能通过调整产品的外观、功能等，使国际化的企业开发出更多的满足国外消费者不同需求的产品，开拓国际市场，延长企业在国际市场的存活期。其次，技术创新对于企业在高技术行业的生存很重要。由于高技术行业中的技术变革日新月异，因而保持技术领域的领先位置对企业生存非常重要（Fontana and Nesta，2009）。彻底的技术变革有助于企业获取更多的市场机会，增强自身在国际市场存活的可能性，甚至超越竞争对手（Giovannetti et al.，2011）。总之，创新通过提高生产率，降低生产成本（Cassiman and Golovko，2011），为企业提供更多市场机会，增加企业在国际市场存活的可能性。

根据存活期限将样本企业划分为长短期后发现，第（2）列中创新能力系数显著为正（$\beta = 0.0665$，$P < 0.01$），表明初始创新能力对企业在短期内的国际市场存活有积极促进作用，第（3）列中创新能力的系数为正（$\beta = 0.0201$），但不显著，说明初始创新能力对企业国际市场存活的影响在长期内并不显著。这反映出，随着国际市场存续期的不断延长，初始创新能力的作用在减弱。

表 4 - 10 中第（4）~（7）列是东部地区和中西部地区按照存活期进行分样本回归的结果。可以看出无论东部还是中西部地区的企业，创新能力对企业国际市场存活期的影响均在短期内有显著的促进作用，在中长期内则不显著。

4.1.7　研究结论与政策建议

1. 研究结论

本章以产品周期理论、新新贸易理论、资源基础观和制度经济学作为理论基础，以中国上市公司为主要研究对象，分别从国际市场进入、国际市场退出、国际市场存续的角度，探讨了研发创新能力对企业国际化扩张的驱动效应，在此基础上，探讨了地区知识产权保护和所有权这两个制度因素对创新能力与企业国际市场进入关系的调节作用，并从行业和地区差异的角度，进一步讨论了驱动效应的异质性，研究结论如下。

（1）创新对企业国际市场进入有显著正向影响，即增强创新能力有助于推动企业进入国际市场，创新主要通过直接的需求扩张效应和间接的生产率促进效应来影响企业的国际市场进入。

（2）地区知识产权保护对创新和企业国际市场进入的关系存在正向的调节作用，企业所在地区的知识产权保护水平越高，增强创新能力对企业进入国际市场的推动作用越大。

（3）所有权对创新和企业国际市场进入的关系存在正向调节作用，与非国有企业相比，增强国有企业创新能力对推动其进入国际市场的作用更大。

（4）从行业差异角度来看，无论是劳动密集型行业、资本密集型行业还是技术密集型行业，增强创新能力均有助于企业进入国际市场。而且在劳动密集型行业中，知识产权保护有助于增强创新对企业国际市场进入的积极作用，但在资本密集型行业尤其是技术密集型行业中，知识产权保护的调节作用却不显著。

（5）创新对企业从国际市场中退出有显著负向影响，即创新能力越强的企业从国际市场退出的概率更低，而且创新对企业国际市场退出的影响也会因企业所在行业和地区的不同而有所差异。

（6）创新对企业进入国际市场后的存活具有积极作用，即企业进入国际市场后，初始创新能力越强的企业在国际市场上存活得更久。就长短期而言，初始创新能力对企业国际市场存活在短期而言作用更大，中长期而言，影响变得不再显著。

2. 政策建议

本节研究对于管理者而言具有重要的指导意义。坚持资源基础观的学者认为，为了进入国际市场，企业需要开发、获取、评价和运用多种资源（Grant，1991）。支持制度基础观的学者认为，企业经营者应努力调整战略来适应企业运营地的制度环境。本节研究认为，研发创新是企业国际化扩张的重要驱动因素，企业为顺利进入国际市场，不仅需要关注内部的创新能力，还应适应外部的知识产权保护环境，并结合自身的所有权情况采取不同的国际化策略。特别是，为了进入国际市场并在国际市场存活，经营者不仅仅要开发并增强自身的创新能力，还应当关注创新资源和制度因素的相互关系，使创新资源与企业外部的知识产权保护环境及内部的所有权情况相匹配，这样才能在国际市场中更好地走下去。

此外，知识产权保护制度是企业国际化背后的重要来源，各级政府部门还应不断细化知识产权法律法规实施的配套措施，创新执法监管方式，提高执法效率和水平，营造良好的产权保护环境，推动当地企业构建自身创新能力，并更多地转化到海外市场中去，实现开放型经济的新发展。

4.2　母国知识产权保护对企业国际化扩张的驱动效应分析

4.2.1　引言

我国经济在经历多年的高速增长后，正逐渐步入以"中高速、优结构、新动力、多挑战"为特征的新常态阶段。在国内市场日趋饱和、竞争同质化的挑战下，国际化已经成为中国企业寻求新一轮增长的新动力。我国政府鼓励和支持企业主动"走出去"，通过出口和对外直接投资等国际化活动，把具有比较优势的产品推向高端市场。以专利、版权、商标等形式授予的知识产权，在促进创新和保持经济增长方面扮演着非常重要的角色，不仅是企业赖以生存、长远发展、走向国际市场的基础，更是拓展海外市场的重要资源和核心竞争力。数字革命和过去多年的技术突破使得知识产权成为经济、社会和政治利益的前沿。在内外经济结构逐步调整的大背景之下，我国在出口和对外直接投资等国际化进程中正面临着诸多挑战和压力，如何通过完善知识产权保护制度来提高企业的创新能力、提升主要产业的国际竞争力、推进企业的国际化进程，已成为当前迫切需要解决的现实问题。

许多学者从制度层面考察了母国制度对企业海外扩张的影响，相关观点主要分为制度逃逸论和制度促进论。制度逃逸论认为，新兴经济体企业在国内所面临的制度缺陷和市场低效（Luo and Tung，2007；Mathews，2006），包括腐败、歧视、政府干预等问题（Witt and Lewin，2007；Yamakawa et al.，2008），使得许多本土企业将海外扩张作为获取战略资源、规避国内制度缺陷的一种战略选择（Lu et al.，2011）。与上述观点不同，支持制度促进论的学者认为，母国制度为企业国际化提供了动力和支持（Hitt et al.，2004）。制度向市场经济方向发展得越好，越有助于减少政府干预，促进契约的执行，降低交易成本，增加市场有效性，进而推动新兴经济体企业向全球市场扩张。知识产权保护作为一项重要的制度安排，在开放型经济发展中发挥着重要作用。尼科尔森（Nicholson，2002），武娜、刘晶（2013）等，基于东道国的视角，考察东道国加强知识产权保护对企业 OFDI 及区位选择的影响。马斯库斯和佩努巴蒂（Maskus and Penubarti，1995）主要探讨了进口国加强知识产权保护对出口国出口贸易的影响，并将这种影响分为市场扩张效应和市场势力效应。尽管母国的知识产权保护是新兴经济体企业国际化进程中重要的制度驱动因素，然而，已有文献却很少从母国的视角，探讨母国的知识产权保护对企业国际化的影响。

与已有文献相比，本书的贡献主要有两点：第一，已有研究多从东道国的知识产权保护角度展开研究，本节则基于母国的视角，采用2004~2015年中国上市公司数据，就母国的知识产权保护对新兴经济体企业国际化的驱动效应进行考察。第二，已有研究主要在国家层面测算知识产权保护水平，而忽略知识产权保护的地区差异，本节则通过构建省级层面的知识产权保护指标，进一步细化了知识产权保护水平的测度。对于以中国为代表的新兴经济体国家而言，地区间制度发展的不平衡性和差异性是其典型特征，若依旧采用国家层面的知识产权保护指标，不仅会低估一国内部的地区知识产权保护力量，也会低估企业在本土获取知识进而展开海外扩张的能力和优势。因此，本节采用主成分分析法构建省级层面的知识产权保护指标，以便更好地理解新兴经济体企业国际化进程。第三，研究内容方面，使用上市公司的微观数据，研究了母国不同地区间的知识产权保护与企业国际化关系，对其影响机制进行理论分析，并从所有制差异的视角进行具体分析和比较，这是对已有文献的扩展和补充。

4.2.2　理论基础与研究假设

1. 理论基础

资源基础观认为，资源是企业获得并保持长期竞争优势的重要资本，企业内部资源的异质性是企业国际化差异的原因。技术和营销资源等无形资产具有一定的专有性和排他性，获得这些稀缺资源有助于新兴经济体企业进入国际市场。一方面，研发推动企业开发创新型技术，从而区别于国际竞争对手（Kafouros and Buckley，2008），在国际市场上更具竞争力；另一方面，借助市场资源，企业可以实现产品差异化并对其他企业造成新的进入壁垒，推进自身的国际化进程（Kotabe et al.，2002）。简而言之，资源基础观的核心观点是，尽管运营决策受到信息不对称的限制，但效率和竞争力仍旧是企业经营决策的主要驱动因素（Capron and Chatain，2008）。制度基础观认为，企业活动会受到社会规范、标准、认知结构和活动等的引导和影响。企业国际化不仅是为了实现经济最优和战略合理性，还会受到政治、法律、社会制度及政治背景的制约（Oliver，1997）。就母国制度而言，制度基础观认为，企业经营地的制度环境显著影响了企业的经营效率和绩效（Peng et al.，2008），因此，企业的战略选择不仅反映了企业的能力和行业条件，也反映了企业所处的正式和非正式的制度环境是否有缺陷。

虽然资源基础观和制度基础观从不同角度对企业的国际化行为进行阐述和分析，但二者并非矛盾而是相辅相成的。例如，制度压力激发企业决策者进行国际化的意愿，但若缺乏足够的技术、资本等资源，企业的海外扩张进程也会受限。因此，将制度基础观和资源基础观结合起来研究企业国际化是非常必要的。知识产权保护作为一项重要的制度安排，在企业国际化进程中发挥着重要作用。就新兴经济体而言，母国知识产权保护的制度差异会影响当地企业依靠所在区位发展研发、融资等资源的能力，而这些资源和能力对企业海外扩张至关重要，因此，本书尝试整合资源基础观和制度基础观，考察母国的知识产权保护制度如何通过影响新兴经济体企业的研发创新和融资能力，进而影响企业的国际化进程。

2. 新兴经济体国家的制度背景

在新兴经济体国家，特别是地域辽阔、多重行政管辖区域的中国，不同地区间的制度环境存在显著差异，这种差异是由多重原因造成的。

首先，新兴经济体国家，不同地区的政府有权利制定本土化的政策和规则。例如，中国各省份政府能够设计和制定当地的财政政策和土地政策、人口迁移政策以及社会福利政策，而这些政策都会显著的影响企业的运营和交易成本。

其次，尽管国家层面制度相同，但由于各地标准、文化、执法人员和行政管理人员的质量、管理效率的差异，各地在执行这些制度时会存在差异。例如，由于长期的企业家精神和私营经济活动的发展，东南沿海一带比全国其他地区提供更好的产权保护。同理，尽管执行合同的法律和规章制度是在全国范围内设定的，不同地区的法院的执行效率却存在显著差异。

最后，地方保护主义进一步强化地区制度差异。在发达国家，各州间的进入壁垒很小，再加上交通和通信等基础设施比较完善，发达国家拥有全国统一融合的内部市场，这会推动当地政府不断完善本地制度环境，以吸引和获得商业投资。而在新兴经济体国家中，地区进入壁垒普遍存在，地方保护主义更为明显。此外，现代货物运输网络的发展也会受到地方保护主义的影响。由于地方政府会对经营者征税，并要求其获得特殊许可，这些使得中国国内市场的物流支出高于国际市场。据统计，中国的物流支出占到 GDP 的 18%（The economist，2014），明显高于印度、南非等其他新兴经济体国家（印度和南非在 13% ～ 14%，大约是发达国家的两倍）。这些有形和无形的进入壁垒不仅阻碍企业在地区间的自由移动，还削弱了制度落后地区政府完善当地制度环境的意愿和动力。

3. 研究假说

（1）母国的知识产权保护与企业国际化。

根据制度基础观的观点，企业活动会受到政治、法律、社会规范等制度的引导和制约。作为一项重要的制度安排，母国的知识产权保护会对当地企业的国际化活动产生重要影响。首先，在企业"走出去"的背景下，母国的知识产权保护水平越高，意味着当地的知识产权立法越完善，执法水平越高效有力，这有助于解决知识产权争端，促成相关交易（Zhou and Poppo，2010），并帮助新兴经济体企业扩展海外经营业务；其次，母国的知识产权保护水平越高，意味着该地区的制度环境越趋于市场化，市场透明性越高，信息不对称越少，这有助于降低海外扩张中所需的信息搜寻成本（Lu et al.，2009），推动企业的海外扩张过程；最后，母国的知识产权保护水平越高，当地企业的知识产权保护意识也越强，这有助于降低企业在国际化经营中的知识产权纠纷，使企业更加自信地做出国际化决策。

基于上述分析，推知伴随母国的知识产权保护水平的提高，当地企业将会更有意愿和能力进行国际化决策，进而推动国际化程度的加深。故提出如下研究假设。

假设1：母国不同地区间的知识产权保护与企业国际化之间存在正相关关系，随着母国的知识产权保护水平的提高，当地企业的国际化程度不断加深。

（2）母国的知识产权保护、创新与企业国际化。

创新是母国的知识产权保护影响企业国际化的一个重要的传导机制。第一，专利、技术、品牌等知识产权通常具有非敌对性（non-rival-rous）特征，多一个代理机构使用的边际成本很小。完善的知识产权立法及高效有力的执法水平，有助于降低模仿、假冒等侵权风险，为市场参与者提供一个公平竞争的平台，激励企业对专利、品牌、商标等无形资产进行长期投资，以提升自身创新能力和市场竞争力（Khoury and Peng，2011），而非将资源用于建立与政府之间的联系、取悦地方执法机构等非市场活动（Rodrik et al.，2004），从而为企业更好地参与国际市场竞争奠定基础。

第二，企业经常会与研发机构、咨询机构等专业化的外部伙伴开展研发、营销等合作。强知识产权法律体系能确保合同执行，维护企业的正当利益，激励企业间的研发创新合作，进而推进企业创新、销售等市场相关能力的发展（Chen et al.，2015）。而市场相关能力是影响企业绩效的重要因素，对新兴经济体企业海外市场的成功至关重要。由于发达国家通常拥有比较完善的市场机制，在该环境中运营的发达国家企业要比新兴经济体企业拥有更高的创新和销售等市场相关能力。因此，创新能力越强的企业，越容易在自身能力和当地的制度环境中找到契合点，并与当地企业展开竞争，加快自身的国际化进程。

第三，增强知识产权保护有助于降低技术许可的成本，鼓励更多的技术转移和创新（Yang and Maskus，2001）。布兰施泰特（Branstetter et al.，2018）实证发现，随着本地专利保护水平的提高，跨国公司会通过更多 FDI 和技术许可的方式进行技术转移。创新能力强的新兴经济体企业，通常具有更强的吸收能力，能够更好地鉴别、吸收和利用从跨国公司转移过来的知识和技术资源，提升自身技术水平，积累经营经验，进而在国际市场竞争中处于更有利的位置。综上所述，得出如下研究假设。

假设 2：母国的知识产权保护通过影响企业的创新能力影响其国际化，即创新能力越高的企业，提高母国知识产权保护对企业国际化的影响越大。

（3）母国的知识产权保护、融资与企业国际化。

知识产权保护水平越高，企业的专利和技术信息越容易得到有效的法律保护，因此，位于强知识产权保护地区的企业更愿意对外部股东和债权人披露企业相关信息，从而减少相互之间的信息不对称。在强知识产权保护下，研发项目的创新成果被侵权的概率更低，使得投资研发项目的预期收益提高，因而，外部投资者对企业研发项目的投资意愿更强。由此看出，强知识产权保护有助于缓解研发和营销等关键资源供应商的担心，进而影响企业的融资能力。由于国际化对企业在要素市场的金融资源具有高度依赖性（Hoskisson et al.，2013），在其他条件一样的情况下，企业从母国获得资本的能力越强，企业的生存能力就越强，越有助于促进国际化进程（Peng and Su，2014）。布赫等（Buch et al.，2009）在异质性模型的基础上，构造分析融资约束影响企业开展国际经营及参与形式的分析框架，并采用德国企业数据进行实证检验，得出融资约束是效率因素之外影响企业国际化的重要因素的结论。托多（Todo，2011）以日本企业为例探讨企业国际化问题，发现融资约束会在一定程度上阻碍企业的出口和对外直接投资行为。可见，融资约束是影响企业海外扩张的一个重要因素。企业所在地区的知识产权保护水平越高，企业就越容易从外部投资者获取资本和信贷，进而推进企业的国际化进程，故提出如下研究假设。

假设 3：母国的知识产权保护通过影响企业的融资能力进而影响其国际化，即增强地区知识产权保护有助于缓解企业的融资约束，进而提升其国际化水平。

4.2.3 研究设计

1. 研究样本及数据说明

研究以 2004 ~ 2015 年中国所有 A 股上市公司为初始样本，并进行如下筛选：（1）剔除 ST 的企业；（2）剔除数据不完整的企业。最终得到的样本包括 2004 ~ 2015 年 2408 家上市公司，共计 18606 个观测值。上市公司的专利数据和财务数据来自国泰安（CSMAR）数据库。上市公司的国际化经营数据来自毕威迪（BVD）数据库。各省份的专利数据和人口等省级层面数据来自中国国家统计局。

2. 样本企业的国际化特征

研究样本确定后，我们对样本企业的国际化特征进行刻画，以便更好地了解我国上市公司的国际化活动。

首先，测算了样本期内我国上市公司各年份的国际化活动参与情况，如图 4 - 1 所示。可以看出：2004 ~ 2015 年，我国开展国际化活动

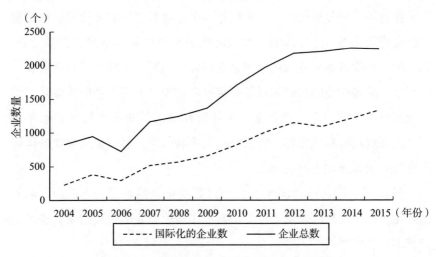

图 4 - 1 2004 ~ 2015 年中国上市公司国际化趋势

的上市公司数总体上呈现上升趋势。其中，在 2006 年和 2013 年，进行国际化的企业数有所降低。金融危机之后，伴随世界经济的恢复发展，特别是 2010 年以来，进行国际化的中国上市公司数量呈快速增长。

其次，参考证监会 2012 年《上市公司行业分类指引》，分行业考察我国上市公司国际化的行业特征。图 4 - 2 是进行国际化的前五大行业在 2004 ~ 2015 年间的发展情况。显然，制造业是我国企业参与国际化的主导行业，2004 ~ 2015 年，参与国际化的上市制造业企业呈现飞速增长的趋势，而批发和零售业、房地产业以及信息传输、软件和信息技术服务业三大行业进行国际化的企业数比较平稳，变化幅度较小。

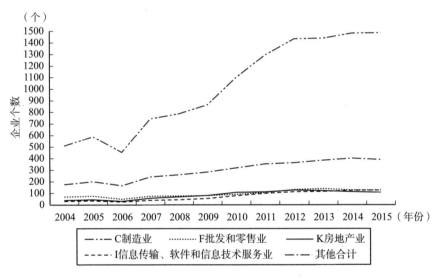

图 4 - 2　2004 ~ 2015 年中国企业国际化的行业特征

为了深入考察我国上市公司国际化的行业差异，我们对国际化的主导行业制造业进一步细化，按照证监会 2012 年《上市公司行业分类指引》中的两位行业代码划分为 30 个，并选取国际化最多的前八大细分行业进行分析，如图 4 - 3 所示。2009 年以来，计算机、通信和其他电子设备制造业参与国际化的企业数量迅猛增加，成为我国上市公司国际化的第一大制造业行业。化学原料和化学制品制造业紧随其后，变化幅度小于计算机、通信和其他电子设备制造业。值得一提的是电气机械和器材制造业，2009 年后该行业参与国际化的企业数量迅猛增加，并在2012 年超过医药制造业，成为参与国际化的第三大制造业行业。而医药制造业在 2011 年前参与国际化的企业增长较快，2011 年后参与国际化的医药制造业企业开始减少，呈现下降趋势。汽车制造业和非金属矿物制品业国际化参与程度则比较平稳。

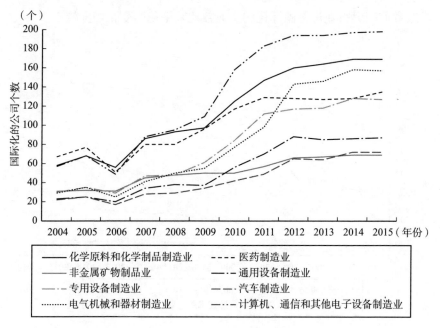

图 4 – 3   2004～2015 年制造业各细分行业进行国际化的上市公司数

综上所述，2004 年以来，我国参与国际化的上市公司数量呈较快的上升趋势，尤其是制造业行业的国际化趋势最为显著。在二位码的制造业行业中，计算机、通信和其他电子设备制造业，化学原料和化学制品制造业是国际化参与程度最高的两大制造业门类。电气机械和器材制造业近年来参与国际化的势头高涨，成为国际化参与程度排名第三的制造业门类，而医药制造业近年来参与国际化的趋势开始有所降低。

3. 实证模型与变量选择

为考察母国不同地区间的知识产权保护对企业国际化的影响，研究采用如下实证模型：

$$Internation_{imt} = \alpha + \beta \times IPR_{mt} + \gamma \times Z_{imt} + \mu_j + u_t + \varepsilon_{ijt} \quad (4.5)$$

$$Internation_{imt} = \alpha + \beta \times IPR_{mt} + \delta \times M_{it} + \theta \times IPR_{mt} \times M_{it} + \gamma \times Z_{imt} + \mu_j + u_t + \varepsilon_{ijt}$$

$$(4.6)$$

其中，i、m 分别表示企业及其所在的省份，t 表示年份，Z_{imt} 表示企业层面的制变量，μ_j 表示行业固定效应，u_t 表示时间固定效应，ε_{ijt} 是随机扰动项。其中，被解释变量 $Internation_{imt}$ 是企业的国际化程度。国际化反映了企业参与国际化业务的程度。通常有两种衡量方法：一种是海外销售收入占总销售收入的比海外销售收入包括从出口、以 FDI 为基础的海外生产获得的销售收入，这种测算指标反映了企业暴露在国外市场的程度；另一种是海子公司个数占所有子公司个数的比例。这种测算方式反映了横跨不同国家的分支机构的范围和规模（Sun et al.，2015）。本节采用第一种衡量方法。

核心解释变量 IPR_{mt} 为企业所在省份的知识产权保护水平。基于我国知识产权护的执法体系及效果，使用人均专利申请量、人均专利授予量、知识产权执法结率、知识产权未被侵权率来构建各省份的知识产权保护水平，并采用主成分分析将上述 4 个指标合成 1 个综合指标，来反映地区知识产权保护水平。

调节变量 M_{it}，分别代表企业创新能力和融资约束。创新能力会影响企业在全的竞争力，这里用人均有效专利数来衡量。融资约束是影响企业国际化行为的重要因素，融资能力弱的企业通常只在国内市场经营，融资力较强的企业可以选择出口，而融资能力最强的企业可以选择海外直接投资。这里用流动资产与流动负债之差占总资产的比重来表示企业的融资约束，该指标数值越大，表示企业所面临的融资约束越低。

控制变量 Z_{imt} 主要控制企业层面特征，包括企业年龄、企业规模、所有权结构、研发强度、资产报酬率等。其中，企业规模采用两种方式进行控制，分别是企业的就业规模（企业员工数取对数）和企业的资产规模（企业总资产取对数）。研发强度反映了企业的技术能力，而企业的技术能力会影响企业的海外扩张倾向（Gao et al.，2010），因而，本书对企业的研发强度进行控制。企业所有权用虚拟变量来表示，若企业的实际控制人为中央和地方国资委、政府机构时取值为1，否则为0。此外，根据证监会2012年《上市公司行业分类指引》（2012年修订）中的两位数行业编码划分为79个行业，通过设定虚拟变量来控制行业异质性，各个变量的衡量方法详见表4-11。

表4-11　　　　　　　　主要变量的含义及衡量方法

变量名称	符号	变量含义
企业国际化	Internationalization	海外销售收入/总销售收入
地区知识产权保护综合指数	IPR index	利用主成分分析法，将IPR1-IPR4合成一个综合指标
各省份人均专利申请量	IPR1	专利申请量/总人数
各省份人均专利授予量	IPR2	专利授予量/总人数
各省份专利未被侵权率	IPR3	1-专利侵权纠纷立案数/专利申请授权数
各省份知识产权侵权纠纷结案率	IPR4	知识产权侵权和其他纠纷结案数/知识产权侵权和其他纠纷立案数
研发强度	R&D intensity	研发支出/营业收入
融资约束	Finance	（流动资产-流动负债）/总资产
所有权	SOE	若实际控制人为中央和地方的国资委、政府机构、国有企业时取值为1，否则为0
人员规模	Ln(employee)	企业员工数的自然对数
资产规模	Ln(asset)	企业总资产的自然对数
企业年龄	Ln(age)	Ln(当年年份-开业年份+1)
资产报酬率	ROA	净利润/总资产

4.2.4　实证结果与稳健性检验

1. 初步回归结果

由于企业国际化程度非负，为大于 0 的受限变量，若采用传统的线性方法对模型直接回归可能会产生有偏估计。故采用面板 Tobit 模型，回归结果见表 4 – 12。

表 4 – 12 第（1）列中，核心解释变量地区知识产权保护综合指数的系数在 1% 水平上显著为 0.0158，表明地区知识产权保护水平越高，当地企业的国际化程度就越高。第（2）~（5）列则分别加入构建地区知识产权保护综合指数的四个分指标（IPR1 – IPR4），由于四个分指标存在一定的相关度，故我们采用依次加入的方式，而非同时放入到模型中。可以看出，除了 IPR4 的系数为正，但统计上不显著外，IPR1、IPR2、IPR3 的系数均显著为正（β 分别为 0.0010、0.0014、0.2392，$P < 0.01$），表明各省份知识产权保护水平与企业国际化之间的确存在正相关关系。第（6）列则在第（1）列的基础上进一步控制地区固定效应，发现各省份知识产权保护指数的系数依然显著为正（$\beta = 0.0078$，$P < 0.05$），但系数值减少为第（1）列中各省份知识产权保护指数系数值的1/2，可能是由于控制其他省份特征的同时，也吸收了各省份知识产权保护水平差异对企业国际化的影响。综合第（1）~（6）列可以看出提高地区知识产权保护有助于推进当地企业的国际化水平，假设 1 得到验证。

表 4 – 12　　　　地区知识产权保护对企业国际化的影响

变量	(1)	(2)	(3)	(4)	(5)	(6)	(7)
	面板 Tobit	面板 Tobit	面板 Tobit	面板 Tobit	面板 Tobit	面板 Tobit	面板 Fe
核心变量							
IPR index	0.0158 *** (0.003)					0.0078 ** (0.004)	0.0046 ** (0.002)

续表

变量	(1) 面板 Tobit	(2) 面板 Tobit	(3) 面板 Tobit	(4) 面板 Tobit	(5) 面板 Tobit	(6) 面板 Tobit	(7) 面板 Fe
IPR1		0.0010 *** (0.000)					
IPR2			0.0014 *** (0.000)				
IPR3				0.2392 *** (0.088)			
IPR4					0.0178 (0.048)		
控制变量							
R&D intensity	0.0016 * (0.001)	0.0016 * (0.001)	0.0016 * (0.001)	0.0020 ** (0.001)	0.0019 ** (0.001)	0.0015 * (0.001)	0.0007 (0.000)
Finance	0.0143 * (0.007)	0.0145 ** (0.007)	0.0143 * (0.007)	0.0141 * (0.007)	0.0143 * (0.007)	0.0134 * (0.007)	0.0035 (0.004)
SOE	−0.0499 *** (0.009)	−0.0509 *** (0.009)	−0.0509 *** (0.009)	−0.0517 *** (0.009)	−0.0531 *** (0.009)	−0.0337 *** (0.010)	−0.0120 ** (0.006)
ln(employee)	0.0408 *** (0.004)	0.0408 *** (0.004)	0.0407 *** (0.004)	0.0411 *** (0.004)	0.0410 *** (0.004)	0.0406 *** (0.004)	0.0104 *** (0.002)
ln(asset)	−0.0077 * (0.004)	−0.0076 * (0.004)	−0.0075 * (0.004)	−0.0076 * (0.004)	−0.0075 * (0.004)	−0.0069 * (0.004)	−0.0018 (0.002)
ln(age)	−0.0829 *** (0.015)	−0.0829 *** (0.015)	−0.0832 *** (0.015)	−0.0828 *** (0.016)	−0.0836 *** (0.016)	−0.0794 *** (0.016)	−0.0292 ** (0.013)
ROA	−0.0007 *** (0.000)	−0.0007 *** (0.000)	−0.0007 *** (0.000)	−0.0007 *** (0.000)	−0.0007 *** (0.000)	−0.0008 *** (0.000)	−0.0004 *** (0.000)
年份/行业	控制	控制	控制	控制	控制	控制	控制
个体	控制	控制	控制	控制	控制	控制	控制

续表

变量	(1)	(2)	(3)	(4)	(5)	(6)	(7)
	面板 Tobit	面板 Tobit	面板 Tobit	面板 Tobit	面板 Tobit	面板 Tobit	面板 Fe
地区						控制	控制
常数项	−0.3356***	−0.2081**	−0.2098**	−0.4234***	−0.2234**	−0.3727***	−0.0292**
	(0.088)	(0.085)	(0.085)	(0.116)	(0.094)	(0.095)	(0.013)
left-censored	9435	9435	9435	9435	9435	9435	
观测值	18606	18606	18606	18606	18606	18606	18606
Wald chi2 test	1191.32***	1185.88***	1180.77***	1166.90***	1159.75***	1358.98***	
Log likelihood	−1498.95	−1501.59	−1504.29	−1509.13	−1512.76	−1424.26	
Rho	0.754	0.754	0.754	0.756	0.757	0.744	
F test w. r. t. pooled Tobit	1.0e+04***	1.0e+04***	1.0e+04***	1.1e+04***	1.1e+04***	1.0e+04***	
R2							0.0248

注：括号中为标准差，***、**、*分别表示1%、5%、10%的显著性水平。

就控制变量而言，研发强度、融资约束、人员规模系数为正，表明企业的研发强度越高、融资约束越低、人员规模越大，其国际化的程度越高。所有权 SOE 的系数显著为负，说明上市公司中，国有企业的国际化程度显著低于非国有企业。资产规模、企业年龄、资产报酬率的系数为负，说明资产规模扩大反而不利于企业国际化进程。企业年龄显著为负，和已有研究一致，表明新成立的年轻企业更倾向于开拓海外市场。资产报酬率显著为负，说明企业国际化并非仅仅由其盈利水平决定，可能会受到扩大市场等其他动机的影响。

2. 稳健性检验

作为稳健性分析，我们采用面板固定效应模型，结果见表 4−12 第（7）列，可以发现，无论是采用面板 Tobit 模型还是面板固定效应模型，地区知识产权保护综合指数（IPR index）的系数均显著为正，可见，本节的研究结论比较稳健。

此外，地区知识产权保护与企业国际化之间可能存在由反向因果引起的内生性问题。尽管知识产权保护属于地区层面，一般很难受到单个企业的影响，但我们仍将所有的解释变量滞后一期后重新进行回归，以降低可能的内生性，结果见表 4 - 13 第（1）~（5）列，可以发现地区知识产权保护综合指数（IPR index）的系数和显著性变化不大，说明结果比较稳定。尽管如此，我们还采用动态面板系统 GMM 重新回归，结果见表 4 - 13 第（6）列，不难看出，地区知识产权保护综合指数的系数依然显著为正（$\beta = 0.0496$，$P < 0.05$）。综上分析，无论采用静态面板数据模型还是动态面板数据模型，本章结果均比较稳健。

表 4 - 13　地区知识产权保护对企业国际化的影响（稳健性分析）

变量	(1)	(2)	(3)	(4)	(5)	(6)
	面板 Tobit	面板 Tobit	面板 Tobit	面板 Tobit	面板 Tobit	系统 GMM
核心变量						
IPR index	0.0130 *** (0.003)					0.0496 ** (0.023)
IPR1		0.0008 *** (0.000)				
IPR2			0.0014 *** (0.000)			
IPR3				0.2742 *** (0.097)		
IPR4					- 0.0738 (0.051)	
控制变量						
R&D intensity	0.0020 ** (0.001)	0.0020 ** (0.001)	0.0019 ** (0.001)	0.0023 ** (0.001)	0.0022 ** (0.001)	- 0.0006 (0.001)

续表

变量	(1) 面板 Tobit	(2) 面板 Tobit	(3) 面板 Tobit	(4) 面板 Tobit	(5) 面板 Tobit	(6) 系统 GMM
Finance	0.0224 *** (0.008)	0.0227 *** (0.008)	0.0225 *** (0.008)	0.0221 *** (0.008)	0.0224 *** (0.008)	0.0100 (0.007)
SOE	− 0.0487 *** (0.010)	− 0.0496 *** (0.010)	− 0.0492 *** (0.010)	− 0.0498 *** (0.010)	− 0.0512 *** (0.010)	− 0.0233 * (0.013)
ln(employee)	0.0389 *** (0.004)	0.0389 *** (0.004)	0.0387 *** (0.004)	0.0389 *** (0.004)	0.0386 *** (0.004)	0.0007 (0.005)
ln(asset)	− 0.0031 (0.004)	− 0.0029 (0.004)	− 0.0028 (0.004)	− 0.0030 (0.004)	− 0.0027 (0.004)	0.0087 (0.008)
ln(age)	− 0.0872 *** (0.016)	− 0.0873 *** (0.016)	− 0.0874 *** (0.016)	− 0.0873 *** (0.016)	− 0.0877 *** (0.016)	1.4199 (0.928)
ROA	− 0.0008 *** (0.000)	− 0.0008 *** (0.000)	− 0.0008 *** (0.000)	− 0.0008 *** (0.000)	− 0.0008 *** (0.000)	− 0.0006 ** (0.000)
L. Internationalization						0.3960 *** (0.075)
L2. Internationalization						0.1049 *** (0.039)
行业	控制	控制	控制	控制	控制	控制
年份	控制	控制	控制	控制	控制	控制
常数项	− 0.2484 ** (0.104)	− 0.1361 (0.099)	− 0.1381 (0.099)	− 0.3781 *** (0.135)	− 0.0546 (0.108)	
left-censored	7757	7757	7757	7757	7757	
观测值	15605	15605	15605	15605	15605	10636
企业个数	2335	2335	2335	2335	2335	2167

注：括号中为标准差，*** 、** 、* 分别表示 1%、5%、10% 的显著性水平。

3. 知识产权保护对企业国际化的影响机制检验

为了研究母国不同地区间的知识产权保护对企业国际化的影响机

制，我们分别引入知识产权保护与企业创新能力、知识产权保护与企业融资约束的交互项，代表地区知识产权保护通过对企业创新能力和融资能力的影响，进而影响该地区企业的国际化水平，具体结果见表4-14。值得注意的是，研究中企业的创新水平（Innovation）用企业的人均有效专利数来衡量。

表4-14中第（1）列是不加交互项时的结果，第（2）列、第（3）列依次加入知识产权保护综合指数（IPR index）与创新能力（Innovation）、融资约束（Finance）的交互项，第（4）列则同时加入两个交互项。结合第（2）列和第（4）列，可以看出知识产权保护与企业创新能力的交互项系数显著为负（β分别为-0.0809、-0.0847，P <0.01），说明地区知识产权保护阻碍了企业创新能力及国际化水平的提高，与预期相反，假设2没有得到验证。可能的原因是，地区知识产权保护水平与企业创新能力没有实现合理匹配，即尽管增强地区知识产权保护有利于推动当地企业的国际化进程，但对于创新能力高的企业而言，地区知识产权保护水平还远不能满足其对知识产权保护的需求，这种对知识产权保护的高需求与低供给之间的矛盾和错配，最终不利于企业国际化水平的提高。就企业融资约束而言，由第（3）列和第（4）列的结果看出，知识产权综合指数和企业融资约束之间的交互项系数显著为正（β分别为0.0104、0.0115，P < 0.10、P < 0.05），与预期一致，假设3得到验证，说明母国不同地区间知识产权保护通过缓解企业的融资约束，推动了当地企业国际化水平的提高。

4. 进一步分析——基于所有制异质性角度

作为处于转型时期的新兴经济经济体国家，中国国有企业的统治地位虽然逐渐削弱，但是由于历史因素，国有企业在获取政府资本信息和政策支持等方面仍然具有比较优势，这可能会对企业的国际化决策和进程产生影响（叶宁华、张伯伟，2017）。基于此，本书根据样本企业的所有制差异，将其分为国有企业和非国有企业，并进行分样本分析，具体结果见表4-15。其中，第（1）列是国有企业，第（2）列是非国有企业，可以看出，地区知识产权保护综合指数的系数在国有企业中为正（$\beta = 0.0025$）但不显著，但在非国有企业中显著为正（$\beta = 0.0136$，$P < 0.01$），即母国地区知识产权保护水平的提高对非国有企业的海外扩张有积极的推动作用，但对国有企业的海外扩张无效。可能的原因是，地区知识产权保护度加强时，企业被模仿的风险降低，有助于外资企业扩大海外技术转移和进口高质量的中间品，以便获取技术优势，提升产品质量，扩大市场份额，进而推动海外扩张。而对国有企业而言，地区知识产权保护水平越高，越有助于降低政府干预，促进契约执行，降低交易成本，提高市场有效性，降低国有企业自身的政府资源优势，这种负面效应使知识产权保护的积极作用降低，使得知识产权保护对国有企业国际化的影响并不明显。

表 4 – 14　　　　　　　　　　影响机制分析

变量	（1）面板 Tobit	（2）面板 Tobit	（3）面板 Tobit	（4）面板 Tobit
核心解释变量				
IPR index	0.0159 *** (0.003)	0.0180 *** (0.003)	0.0137 *** (0.003)	0.0158 *** (0.003)
交互项				
IPR index * Innovation		– 0.0809 *** (0.030)		– 0.0847 *** (0.030)
IPR index * Financé			0.0104 * (0.006)	0.0115 ** (0.006)
调节变量				
Innovation	– 0.0030 (0.029)	0.8711 *** (0.324)	– 0.0053 (0.029)	0.9097 *** (0.324)
Finance	0.0143 * (0.007)	0.0141 * (0.007)	– 0.0859 (0.056)	– 0.0963 * (0.056)

续表

变量	（1）	（2）	（3）	（4）
	面板 Tobit	面板 Tobit	面板 Tobit	面板 Tobit
控制变量				
R&D intensity	0.0016 * (0.001)	0.0016 * (0.001)	0.0014 (0.001)	0.0015 * (0.001)
SOE	− 0.0499 *** (0.009)	− 0.0496 *** (0.009)	− 0.0498 *** (0.009)	− 0.0496 *** (0.009)
Ln(employee)	0.0408 *** (0.004)	0.0406 *** (0.004)	0.0409 *** (0.004)	0.0407 *** (0.004)
Ln(asset)	− 0.0077 * (0.004)	− 0.0078 ** (0.004)	− 0.0075 * (0.004)	− 0.0076 * (0.004)
Ln(age)	− 0.0829 *** (0.015)	− 0.0827 *** (0.015)	− 0.0831 *** (0.015)	− 0.0829 *** (0.015)
ROA	− 0.0007 *** (0.000)	− 0.0007 *** (0.000)	− 0.0007 *** (0.000)	− 0.0007 *** (0.000)
年份	控制	控制	控制	控制
个体	控制	控制	控制	控制
行业	控制	控制	控制	控制
常数项	− 0.3353 *** (0.088)	− 0.3508 *** (0.088)	− 0.3204 *** (0.088)	− 0.3351 *** (0.088)
Wald chi2	1191.33 ***	1198.28 ***	1194.46 ***	1202.07 ***
观测值	18606	18606	18606	18606
left-censored	9435	9435	9435	9435
企业个数	2408	2408	2408	2408

注：括号中为标准差，*** 、** 、* 分别表示1%、5%、10%的显著性水平。

5. 进一步分析——基于地区异质性角度

作为最大的新兴经济体，我国知识产权保护水平存在显著的地区差异，因而母国的知识产权保护对企业国际化的影响可能存在地区差异性，为此，本书将样本企业的所在地区划分为东部、中部和西部三大经济区，然后进行分样本回归，估计结果见表 4 - 15 第（3）~ 第（5）列。可以看出，地区知识产权保护综合指标在东部地区企业中显著为正（β = 0.0128，P < 0.01），在中部地区企业中显著为负（β = - 0.0300，P < 0.10），但在西部地区企业中系数为正（β = 0.0041）却不显著。即提高母国的知识产权保护水平，对东部地区企业的海外扩张有积极的推动作用，对中部地区企业的海外扩张存在一定的负面效应，但对西部企业的海外扩张无效。可能的解释有两个方面：其一，我国各地的知识产权保护地区差异明显，东部地区的知识产权执法效率和保护水平高于中西部地区；其二，我国东、中、西三大地区的企业在融资约束方面差异明显，与中西部地区相比，东部地区资本市场相对发达，企业能够从资本市场融通资金，企业的融资约束相对较低，这与东部地区的强知识产权保护相协调，推动了东部地区企业的国际化进程。

表 4 - 15　　　　　　　　　分样本回归（Tobit 模型）

变量名称	（1）国有企业	（2）非国有企业	（3）东部	（4）中部	（5）西部
IPR index	0.0025 (0.006)	0.0136 *** (0.005)	0.0128 *** (0.004)	- 0.0300 * (0.016)	0.0041 (0.013)
SOE			- 0.0628 *** (0.013)	0.0136 (0.018)	- 0.0729 *** (0.025)
控制变量	是	是	是	是	是
年份/行业	是	是	是	是	是
Wald chi2 test	529.45 ***	909.93 ***	896.53 ***	281.06 ***	180.30 ***
Log likelihood	- 610.44	- 668.81	- 857.62	- 64.97	- 353.26
Rho	0.7354	0.7515	0.7610	0.7074	0.7562
F testw. r. t. pooled Tobit	5622.66 **	5622.66 ***	7139.53 ***	1376.56 ***	1255.58 ***
观测值	8505	10101	11888	3554	3164

注：括号中为标准差，*** 、** 、* 分别表示 1% 、5% 、10% 的显著性水平。

4.2.5 结论与政策建议

1. 研究结论

本章以国际商务领域的资源基础观、制度基础观为理论基础，以 2004～2015 年中国 2408 家上市公司为样本，基于我国知识产权保护现状，构建各省份的知识产权保护综合性指数，实证考察母国不同地区间知识产权保护对新兴经济体企业国际化的影响、作用机制及所有制差异。

研究发现：（1）母国不同地区间的知识产权保护与新兴经济体企业国际化之间呈正相关关系。母国地区知识产权保护水平的提高，有助于推动该地区企业进入国际市场，提高企业的国际化水平；（2）知识产权保护主要通过创新渠道和融资机制影响企业的国际化进程和水平；（3）母国不同地区间的知识产权保护对企业国际化的影响存在所有制异质性，地区知识产权保护对非国有企业国际化的影响有显著的促进作用，而对国有企业国际化的影响并不明显。

2. 政策建议

本章研究对于我国推进知识产权强国建设、开创知识产权事业和开放型经济发展新局面具有重要启示。

首先，本章研究发现加强母国地区知识产权保护，对促进新兴经济体企业国际化有积极的推动作用。可见，母国的知识产权保护制度是企业国际化背后的重要来源。尽管许多新兴经济体国家主要采用财政金融等政策来鼓励和推动企业"走出去"，本章研究则认为，为更好地推动企业"走出去"，培育具有竞争力的跨国企业，新兴经济体的各级政府应当将营造良好的知识产权保护环境作为一项重要的基本任务。就我国而言，在完善知识产权法律法规的同时，各级政府部门还应不断细化知识产权法律法规实施的配套措施，创新执法监管方式，提高执法效率和水平，营造良好的产权保护环境，从而推动当地企业构建自身市场能力，并更多地转化到海外市场中去，以此来推动当地企业更好更稳地"走出去"，实现地区开放型经济的新发展。

其次，我国应注重知识产权保护制度的设计，并且要考虑到国有企业和非国有企业之间的差异。本章研究表明，母国地区知识产权保护水平的提高对非国有企业的海外扩张有积极的推动作用，即非国有企业更依赖所在地区的知识产权保护。对于非国有企业而言，加强母国地区知识产权保护，有助于海外先进技术的引进和转移，扩大高质量中间品的进口，从而促进技术进步和产品质量的提升，推动企业加快海外扩张的进程。但对那些政府资源优势过强的国有企业，加强母国地区知识产权保护将会提高市场有效性，降低政府干预，使得知识产权保护对国有企业国际化的影响并不明显。

最后，我国还应积极参与国际知识产权合作与交流，树立起保护知识产权的大国形象。伴随国际知识产权新规则的推进以及经济全球化的深入发展，知识产权保护对一国开放型经济发展的作用日益突出，但是发达国家在国际知识产权领域始终处于主导地位，因此，我国除了完善国内的知识产权相关法律法规，提高地区知识产权执法效率外，还应积极参与国际知识产权领域的谈判与磋商，树立起保护知识产权的大国形象，不断提高自身在知识产权领域的国际影响力，维护我国企业在国际化活动中的合法权益。

第 5 章

数字新基建对企业国际化扩张的影响研究

5.1 引言与文献综述

2018 年 12 月，中央经济工作会议首次明确提出"新基建"，将其定义为第五代固网（F5G）以及新一代信息技术有机结合所形成的数字（网络、信息）基础设施。2019 年政府工作报告将"加强新一代信息基础设施建设"列入重点工作。2020 年 4 月 20 日，国家发改委明确新基建包含信息基础设施、融合基础设施、创新基础设施三个方面。其中信息基础设施包含以 5G 基建、物联网、工业互联网、卫星互联网为代表的通信网络基础设施，以人工智能、云计算、区块链等为代表的新技术基础设施，以数据中心、智能计算中心为代表的算力基础设施等。作为服务于数字经济发展的基础设施，数字新基建不仅有助于 5G、人工智能、大数据、物联网、云计算和区块链等技术的融合创新和场景化应用，还为赋能我国产业转型升级与经济社会高质量发展提供重要支撑。

在数字经济蓬勃发展下，新基建项目的投资提速正在成为各地推动经济发展的重要举措。近年来，中央和地方各级政府高度重视新型数字基础设施建设，出台数字中国、网络强国等一系列数字新基建政策。在此背景下，数字新基建能否有效推动当地企业的国际化扩张，塑造我国企业未来数字化竞争的新优势，成为一项亟待思考的现实问题。另外，中国各省份之间由于经济发展水平和数字技术发展存在明显差异，进而使得数字新基建发展水平也存在显著的地区不均衡性。那么不同地区数字新基建发展差异如何影响当地制造业企业国际化扩张，如何纾解数字新基建的区域差异，充分发挥数字新基建对当地制造业企业国际化扩张的推动作用成为本章探讨的另一个核心问题。

数字新基建作为打通经济发展的信息"大动脉"，对我国经济高质量发展具有战略性、基础性与先导性作用。通过梳理相关国内外文献，可以发现关于数字新基建的相关研究，主要从宏观层面探讨数字新基建与经济增长（阴琰，2021；姜卫民等，2020）、经济高质量发展（王帅、周明生，2018；王炜、张豪 2018）之间的关系，以及数字新基建对经济高质量发展的空间溢出效应（李海刚，2022）。相关研究发现，数字新基建为新产业发展提供新动能，通过推动新技术和新消费发展、开拓新的消费市场（阴琰，2020），显著促进经济增长（姜卫民等，2020）。特别是数字新基建中的信息基础设施，其对经济高质量发展和产业集聚具有显著的促进作用，能够显著促进区域经济高质量发展，也有研究认为数字新基建与经济高质量发展之间存在显著空间关联性和空间异质性，并呈现"H—H"与"L—L"集聚态势（李海刚，2022）。

中观层面，已有文献主要探讨数字新基建对产业经济发展的影响效应，认为数字新基建不仅有助于提升产业技术创新能力、推动产业结构转型升级（何玉梅、赵欣灏，2021；袁航，2022；李斯林等，2023），还可以通过一系列复杂的产业关联与传导机制，增强内经济投资供给，激发消费新需求，进而带动整个行业产业链的发展（钞小静等，2021）。郭凯明等（2020）指出新型基础设施投资在供给侧推动产业内资本和劳动的替代与产业间制造品和服务的替代，在需求侧拉动服务业相对制造业的需求，最终在供需两侧同时促进产业结构转型升级。

数字新基建与企业国际化扩张方面，已有文献更多考察数字新基建对国内价值链循环（霍春辉等，2023）、中国制造业参与全球价值链（戴翔、马皓巍，2024）、对外贸易升级（钞小静等，2020）、出口产业升级（沈和斌、邓富华，2023）的影响效应。例如，钞小静等（2020）基于2004～2016年中国283个地级及以上城市的面板数据，通过实证研究发现，新型数字基础设施建设通过技术扩散效应，显著推动对外贸易升级，并且提升我国产业在对外贸易中的竞争优势。沈和斌、邓富华（2023）以中国3G网络建设为准自然实验，采用双重差分法评估数字基础设施建设对中国出口产业升级的影响，发现数字基础设施建设通过提升创新效率和资源配置效率推动中国出口产业升级。霍春辉等（2023）基于供给与需求双重视角，探究数字新基建对国内价值链循环的影响及作用机理，发现数字新基建能够显著促进国内价值链循环，供给侧驱动效应下数字新基建通过促进技术创新推动国内价值链循环，而需求侧驱动效应下数字新基建通过推动消费升级进而促进国内价值链循环。戴翔、马皓巍（2024）采用企业微观层面数据进行实证研究，发现新型数字基础设施不仅有助于提升中国制造业参与全球价值链分工的参与度，还有助于改善中国制造业在全球价值链中的分工地位。

通过梳理相关文献，可以发现大量研究就数字新基建发展对经济增长、经济高质量发展以及出口贸易升级的影响进行考察。从数字新基建角度考察企业国际化扩张的研究非常少，并且主要聚焦于贸易方面。基于此，本章从数字新基建视角，系统考察企业所在地区的数字新基建发展对企业国际化扩张的影响效应及其理论机制，以及这种影响效应的所有制差异、企业规模差异和地区差异，进一步丰富了数字新基建和企业国际化方面相关研究。

5.2 理论分析与研究假说

5.2.1 成本节约效应

数字新基建支撑的主要是以数据生产要素为主导的全新生产体系和生产关系，在实践中主要表现为大数据、物联网、云计算、区块链和人工智能等。虚拟性、可复制性和低边际成本性是数据生产要素的重要特征，这进一步使得数据生产要素的使用具有非竞用性和非排他性特征（戴翔、马皓巍，2024）。因而，当企业依托数字新基建进行数据要素投入和运行时，可以实现低成本运行。数字新基建可通过降低企业成本、提高效率、增强企业竞争力从而推动企业进行国际化扩张，促进企业国际化水平的提升。

企业进行国际化扩张，不仅需要充足的资金和人力资本，还需要高效的信息管理与决策。新型数字基础设施，包含新型基建、融合基建和创新基建三个方面，能够对数据的搜集、传输、整合、分析、应用等产生显著的支撑作用。其中，信息基础设施建设的快速发展，有助于提高信息传递效率和匹配效率，降低信息搜集成本和沟通成本，提高决策效率，进而降低企业内部的组织协调成本，优化企业的经营管理模式和架构，这有助于提升企业进行国际化扩张的能力，增强企业的国际竞争力。例如，通过建设光纤网络和 5G 网络等高速、稳定、安全的网络基础设施，不仅可以提高网络带宽和传输速度，降低信息传输的成本，还可以降低企业获取信息的时间成本和交易成本。数据中心是承载着海量信息的关键基础设施，通过建设和优化高效的数据中心，不仅可以提高数据处理速度和准确性，还可以帮助企业快速获取所需信息，提高决策效率，减少信息交流中的成本和时间消耗，降低企业的信息处理成本，提升企业的竞争力，为企业进行国际化扩张奠定基础。此外，加强和完善新型数字基础设施建设，有助于企业加快采用智能制造、智能工厂和机器人技术，实现生产过程的自动化和智能化，降低企业生产运营成本和人力成本，提高生产效率和市场竞争力。

因此，建立在数字新基建之上的海量数据处理和分析，有助于企业更加高效获取和整合技术信息、市场信息、竞争对手信息，并根据信息不断调整生产速度、生产质量和动态定价，增强企业进行国际化扩张的能力和竞争力。

5.2.2　创新激励效应

首先，新型数字基础设施建设将促进人工智能、大数据、区块链、云计算等数字技术和实体经济深度融合，极大提升企业技术创新的意愿和能力，加速推动企业进行国际化扩张。一方面，数字技术推动实现数据的无限复制共享和信息的即时互联互通，并为制造业创新活动提供新的载体和试验空间，进而降低企业进行研发创新的信息获取成本、新技术传播成本以及与产业链的多样化动态融合成本，提升制造业企业技术创新对制造业全行业、全流程的辐射带动及转型赋能能力，通过创新成本节约效应和创新知识溢出效应，增强企业的创新效率和创新能力（江小涓、靳景，2022）。例如，数字孪生技术通过建设实验仿真环境，使得需要实验验证的产品研发、工艺优化、流程再造等环节周期缩短，大幅提升飞机、高铁等大型复杂产品的研发生产效率和创新能力。另一方面，数字技术还推动创新主体在知识、技术和产品创新之间构建联动反馈机制，跨时空、跨领域开展协同创新，快速推进关键核心技术协同攻关，极大提升企业的技术创新能力，增强企业国际竞争力，为企业进行国际化扩张奠定基础。

其次，大数据、云计算等数字技术应用，不仅可以优化创新资源配置，还可以激发广泛用户群体与潜在服务或产品提供商深层参与创新活动的积极性，激发企业进行自主创新。例如，小米作为一家以手机、智能硬件和 IOT 平台为核心的互联网公司，通过账号将用户数字化，利用数智技术优势从获取的用户反馈数据中识别用户的使用偏好或行为交互模式，从而构建用户画像。用户画像除了有助于精准营销和个性化推荐外，更重要的是可以帮助小米增强对产品/服务基于需求端的迭代优化，使得产品符合核心用户群体的需求。小米构建的用户画像，有助于激发广泛用户群体与潜在服务或产品提供商深层参与创新活动的积极性，进而推动企业进行产品和技术创新，增强企业技术创新能力，提升产品质量和市场占有率，为企业国际化扩张奠定技术基础。

最后，数字新基建建设的普及，通过强化市场竞争，增强企业开展创新活动的积极性。数字新基建各技术模块的融合、集成应用，帮助企业提升附加值获取能力，参与更复杂的生产分工，获取有力的竞争条件（钞小静等，2020）。新型数字基础设施建设水平的提高，使得我国航天航空设备制造业、新能源等战略性新兴产业，借助数字技术进行研发和创新，获得大量科技成果，甚至在某些领域实现"弯道超车"。

综上所述，加强和完善数字新基建，能够赋能科技创新、促进技术扩散、扩大数字技术的应用，为制造业企业发展提供发展新动能，通过创新成本节约效应和创新知识溢出效应，增强企业的创新效率和创新能力，进而推动制造业企业国际化扩张。

5.2.3　数字化效应

数字新基建的本质是数字基础设施，其以算力为核心，融合算力生产、传输和服务于一体，是数字经济时代的新型生产力。在数字经济时代，数据的深度挖掘与运用是数字化转型的核心竞争力、体验是数字化转型的出发点、效率是数字化转型的生命线、人才是数字化转型的决定性因素。

在数字经济背景下，加强和完善新型数字基础设施建设，有助于企业加快内部信息化建设，推动企业数字化转型，助力企业进行国际化扩张。一方面，新基建相关领域的技术应用到企业管理模式中，有利于企业搭建数字化管理系统，帮助企业重塑内部组织构架，实现信息化管理，提高信息沟通效率，降低企业的管理成本。例如，使用企业资源计划（ERP）系统可以整合企业各部门的管理信息，提高管理效率，降低管理成本。另一方面，新基建助力推广远程办公和协同办公，可以降低企业办公空间和设备成本，同时提高员工工作效率。例如，使用远程办公平台可以降低企业租赁办公空间成本，使用协同办公软件可以提高员工协作效率。另外，企业可以运用数字技术，预测市场走向，制定更加准确的投资计划，提高决策效率，降低投资风险。

因此，我们认为加强新型数字基础设施建设，有助于推进企业的数字化转型，提高企业内部的管理效率和竞争力，同时也可以使企业充分利用母国数据资源和信息技术（杜传忠和张远，2021），降低海外投资风险，更好地推动企业进行国际化扩张。

结合上述三方面分析，可以得出如下假设：

假设 1：新型数字基础设施建设与企业国际化扩张之间存在正相关关系，即加强新型数字基础设施建设，有助于企业国际化水平的提升。

5.3 模型和数据说明

5.3.1 样本和数据来源

本章以 2005～2020 年中国所有 A 股上市的制造业企业为研究对象，就数字新基建对企业国际化扩张的影响进行实证分析。数据所做的处理和筛选如下：剔除 ST、PT 等上市状态异常的企业；剔除数据不完整的公司；剔除掉制造业以外的企业。最终样本为 2005～2020 年 2576 家上市公司，共计 22323 个观测值。

　　本研究涉及中国各省份新基建发展数据、中国 A 股上市公司国际化经营数据和上市公司的研发及财务数据三类数据。其中，数字新基建主要从信息基建、创新基建和融合基建三个维度来衡量，其原始数据来源于《中国固定资产投资统计年鉴》。上市公司的国际化经营数据来自万得数据库（Wind 数据库），其他关于上市公司的财务数据、研发数据来自国泰安数据库。

5.3.2　计量模型及变量选择

　　为考察各省市数字新基建发展水平对当地企业国际化扩张的影响，本章构造以下计量模型：

$$\text{Internation}_{ijt} = \alpha + \beta \text{Infra}_{jt} + \gamma Z_{ijt} + \delta_m + \delta_t + \varepsilon_{ijt} \tag{5.1}$$

　　其中，i、j 分别表示企业及其所在的省份，t 表示年份，Z_{ijt} 表示企业层面的控制变量，δ_m、δ_t 分别表示用以控制行业固定效应和年份固定效应，ε_{ijt} 表示随机误差项。

　　被解释变量 Internation_{ijt} 表示企业 i 在 t 年的国际化水平。国际化反映了企业参与国际化业务的程度。通常有两种衡量方法：一种是海外销售收入占总销售收入的比例，海外销售收入包括从出口、以 FDI 为基础的海外生产获得的销售收入（Contractor，2007），这种测算指标反映了企业暴露在国外市场的程度；另一种是海外子公司个数占所有子公司个数的比例。这种测算方式反映了横跨不同国家的分支机构的范围和规模（Sun et al.，2015）。本书采用第一种衡量方法。

　　核心自变量 Infra_{jt} 表示地区 j 在 t 年的数字新基建发展水平，参考伍先福等（2020）的方法，从信息基建、融合基建和创新基建三个维度对新基建的投资水平进行测度。投资数据来源于《中国固定资产投资统计年鉴》。具体地，信息基建（Infra1）用信息传输、软件和信息技术服务业固定资产投资水平来近似衡量；融合基建（Infra2）主要是指

"传统基建"的数字化转型，这里用"传统基建"乘以"传统基建"与企业数字化的融合系数进行测度，传统基础设施建设包括电力、热力、燃气及水的生产和供应业，交通运输、仓储和邮政业，水利、环境和公共设施管理业等三大产业；创新基建（Infra3）主要涉及科技创新和公共服务，这里用科学研究和技术服务业、卫生和社会工作的固定资产投资水平来测度；新基建（Infra）衡量各地区数字新基建的总体发展水平，是由信息基建（Infra 1）、融合基建（Infra 2）、创新基建（Infra 3）加总而成。新型基础设施中所涉及行业的固定资产投资，均以2000年固定资产投资价格指数为基期进行平减。为消除量纲及异方差的影响，实证过程中对上述四个指标均进行对数化处理，数值越大，表示地区数字新基建发展水平越高。

Z_{ijt}是控制变量，主要控制企业层面的特征，包含企业年龄、企业规模、所有权、资产报酬率、资产负债率、股权集中度等。其中，企业年龄（age），用当年减去企业成立年份再加1后取对数来测度。企业规模用企业员工数的自然对数来表示。所有权，用虚拟变量来表示，国有企业取1，非国有企业取0。资产报酬率用净利润与总资产的比值来衡量。资产负债率，用企业总负债占总资产的比值来衡量。股权集中度（Holder10），用上市公司前十大股东的持股比例来测度。主要变量的具体含义和衡量方法如表5-1所示。

表5-1 主要变量的含义及衡量方法

变量名称	符号	变量测度
企业国际化扩张	Internation	海外营业收入/总收入
数字新基建	Infra	Infra1、Infra2、Infra3 三者加总而成
信息基建	Infra1	信息传输、软件和信息技术服务业固定资产投资
融合基建	Infra2	融合系数 * 传统基础设施建设固定资产投资
创新基建	Infra3	科学研究和技术服务业、卫生和社会工作固定资产投资

续表

变量名称	符号	变量测度
企业规模	Size	企业员工数的自然对数
企业年龄	Age	ln（当年 − 开业年份 + 1）
所有权	SOE	国有企业取 1，非国有企业取 0
资产报酬率	ROA	净利润/总资产
资产负债率	Liability	企业总负债占总资产的比值
股权集中度	Holder10	前十大股东持股比例

　　表 5 - 2 是书中各主要变量的描述性统计，可以看出，样本企业国际化水平的最小值为 0，最大值为 1.319，均值为 0.187，企业国际化的整体水平较低。地区新基建的最小值为 1588.312，最大值为 8566.621，均值为 2357.083；信息基建的最小值为 0.59，最大值为 791.669，平均值为 264.516；融合基建的最小值为 16.688，最大值为 7543.955，均值为 1613.441；创新基建的最小值为 3.01，最大值为 2025.254，均值为 479.126。可以看出无论是信息基建、融合基建、创新基建，还是三者加总后的新基建水平在地区间差异比较大，为剔除量纲及异方差的影响，实证回归中对四个指标进行对数化处理。需要注意的是样本筛选中剔除了 2022 年新上市企业。企业所有权的均值为 0.361，说明样本企业中的国有企业占到 36.1%，占样本总数的 1/3 以上。

表 5 - 2　　　　　　　　　　　　**变量描述性统计**

Stats	N	Mean	SD	Min	Max
Internation	17706	0.187	0.233	0	1.319
Infra	22323	2357.083	36.838	1588.312	8566.621
Infra1	22323	264.516	191.277	0.59	791.669
Infra2	22323	1613.441	1190.041	16.688	7543.955

续表

Stats	N	Mean	SD	Min	Max
Infra3	22323	479.126	448.985	3.01	2025.254
SOE	22323	0.361	0.48	0	1
Age	22323	2.765	0.386	0.693	4.143
Size	22273	7.679	1.188	0	12.44
ROA	22321	0.036	0.376	−30.69	22
Liability	22321	0.445	1.602	0	178.3
Holder10	22296	58.73	14.93	8.78	101.2

5.4 实证结果分析

5.4.1 基准回归分析

根据式（5.1），采用固定效应模型，就各地区数字新基建对企业国际化扩张的影响进行回归，模型估计结果见表5-3。其中，第（1）列中放入了核心解释变量地区数字新基建总水平和控制变量，反映了各地区数字新基建总体发展水平对企业国际化的影响，回归结果显示，数字新基建总水平（Infra）的系数显著为0.028，说明各省份数字新基建发展总体水平显著促进当地企业国际化水平的提升。第（2）~（4）列则分别加入了构建数字新基建的三个维度，即信息基建、融合基建和创新基建的发展水平。第（2）列中，信息基建的系数为0.031，并且在1%的水平下显著，表明信息基建发展与企业国际化之间存在正相关关系，即各地区信息基建发展水平越高，当地企业的国际化水平越高。第（3）列中，融合基建的系数显著为正（β＝0.022，P＜0.01），表明地区融合基建发展与企业国际化也存在正相关关系，即加强各地区融合基

建的发展也会促进当地企业国际化。第（4）列中，核心解释变量创新
基建的系数为 0.022，并且在 1% 的水平下显著。说明各地区发展创新
基建也有助于推动当地企业的国际化扩张。结合实证结果可以发现，无
论是各地区信息基建、融合基建、创新基建还是数字新基建整体发展，
均对推动当前企业进行国际化扩张起到积极的促进作用，假设 1 得到
验证。

表 5 - 3 基准回归结果

变量	（1）	（2）	（3）	（4）
核心解释变量				
lninfra	0.028 *** （11.023）			
lninfra1		0.031 *** （12.525）		
lninfra2			0.022 *** （9.906）	
lninfra3				0.022 *** （10.154）
控制变量				
Age	- 0.018 *** （ - 3.001）	- 0.017 *** （ - 2.891）	- 0.018 *** （ - 3.122）	- 0.017 *** （ - 2.868）
Size	0.015 *** （10.706）	0.016 *** （11.185）	0.015 *** （10.790）	0.015 *** （10.860）
SOE	- 0.048 *** （ - 13.549）	- 0.048 *** （ - 13.572）	- 0.048 *** （ - 13.590）	- 0.049 *** （ - 13.892）
ROA	- 0.011 * （ - 1.939）	- 0.011 * （ - 1.840）	- 0.010 * （ - 1.946）	- 0.010 * （ - 1.852）
Liability	- 0.003 ** （ - 2.400）	- 0.003 ** （ - 2.407）	- 0.003 ** （ - 2.388）	- 0.004 ** （ - 2.559）

续表

变量	(1)	(2)	(3)	(4)
Holder10	0.001 *** (5.966)	0.001 *** (5.464)	0.001 *** (5.985)	0.001 *** (6.151)
年份	控制	控制	控制	控制
行业	控制	控制	控制	控制
Constant	−0.178 *** (−6.095)	−0.141 *** (−5.194)	−0.133 *** (−4.787)	−0.100 *** (−3.794)
Observations	17672	17672	17672	17672
R^2	0.115	0.116	0.114	0.114
调整后 R^2	0.112	0.113	0.111	0.111
F	83.23	85.68	83.14	84.28

注：括号中为 t 值，*** 、** 、* 分别表示 1%、5%、10% 的显著性水平。

就控制变量而言，企业年龄的系数显著为负，说明企业年龄越小，企业国际化水平越高，这和已有研究一致，表明新成立的年轻企业更倾向于开拓海外市场。所有权 SOE 的系数显著为负，说明国有上市制造业企业的国际化程度显著低于非国有企业。资产负债率水平为负数，表明企业资产负债率越高，越不利于企业进行国际化扩张。股权集中度的系数显著为正，说明企业中前十大股东股权集中度越高，越有利于企业进行国际化扩张。

5.4.2 异质性分析

1. 基于企业所有权类型的异质性分析

作为处于转型时期的新兴经济体国家，中国国有企业的统治地位虽然逐渐削弱，但是由于历史因素，国有企业在获取政府资本信息和政策支持等方面仍然具有比较优势，这使得国有企业在技术创新的意愿和能力方面，比民营企业更低一些。而且民营企业在运营和组织架构方面相对更为灵活，更容易适应市场环境、技术和商业模式的快速变化，并进行战略和投资方向的相应调整。

　　数字新基建对企业国际化扩张的影响是否会因为企业所有权的差异而有所不同呢？为进一步检验该问题，本章根据企业所有权的差异，将样本企业分为国有企业和非国有企业，通过设定虚拟变量的形式，当样本企业属于国有企业时，变量 SOE 取值为 1，当样本企业属于非国有企业时，变量 SOE 取值为 0。然后在基准回归模型中，依次分别加入核心自变量数字新基建、信息基建、融合基建和创新基建发展水平与该虚拟变量 SOE 的交乘项，通过交互项的形式考察新型数字基础设施建设对企业国际化扩张的影响是否会因所有权差异而不同。具体回归结果见表 5 - 4。

表 5 - 4　　　　　　　　　异质性分析—按照所有权类型

变量	(1)	(2)	(3)	(4)
核心解释变量				
lninfra	0. 036 *** (12. 349)			
lninfra1		0. 036 *** (12. 792)		
lninfra2			0. 030 *** (11. 207)	
lninfra3				0. 028 *** (11. 613)
交互项				
lninfra * SOE	- 0. 023 *** (- 6. 097)			
lninfra1 * SOE		- 0. 016 *** (- 4. 327)		

续表

变量	(1)	(2)	(3)	(4)
lninfra2 * SOE			-0.021 *** (-5.932)	
lninfra3 * SOE				-0.019 *** (-6.244)
控制变量				
SOE	0.124 *** (4.373)	0.033 * (1.768)	0.102 *** (3.993)	0.054 *** (3.186)
Age	-0.017 *** (-2.916)	-0.016 *** (-2.763)	-0.018 *** (-3.063)	-0.016 *** (-2.788)
Size	0.015 *** (10.653)	0.016 *** (11.118)	0.015 *** (10.696)	0.015 *** (10.886)
ROA	-0.011 ** (-2.072)	-0.011 ** (-1.980)	-0.011 ** (-2.045)	-0.011 ** (-2.012)
Liability	-0.004 *** (-2.635)	-0.003 ** (-2.546)	-0.004 *** (-2.616)	-0.004 *** (-2.708)
Holder10	0.001 *** (5.803)	0.001 *** (5.444)	0.001 *** (5.807)	0.001 *** (6.021)
年份	控制	控制	控制	控制
行业	控制	控制	控制	控制
Constant	-0.248 *** (-7.852)	-0.174 *** (-6.103)	-0.194 *** (-6.509)	-0.147 *** (-5.312)
Observations	17672	17672	17672	17672
R^2	0.116	0.117	0.115	0.116
调整后 R^2	0.114	0.114	0.113	0.113
F	79.05	82.44	79.06	78.03

注：括号中为 t 值，*** 、** 、* 分别表示 1% 、5% 、10% 的显著性水平。

表 5-4 第 (1) ~ (4) 列回归结果，可以看出数字新基建和三个维

度即信息基建、融合基建和创新基建发展水平，与企业所有权 SOE 的交互项系数均显著为负，说明与非国有企业相比，加强新型数字基础设施建设对国有企业国际化扩张的作用要更弱。这意味着加强和完善新型数字基础设施建设发展更能促进非国有企业的国际化扩张。可能的原因是，民营等非国有企业相对更加灵活，更容易调整战略和投资方向，以适应数字经济背景下快速变化的市场环境、技术和商业模式。而且，民营企业等非国有企业创新能力相对更强，更有可能依托数字技术创造出颠覆性的新产品和商业模式，从数字经济中获得更大优势，使得数字基础设施建设对非国有企业的推动作用更强。

2. 基于企业规模的异质性分析

为检验新型数字基础设施建设对企业国际化扩张的影响是否会因企业规模的不同而有所差异，本章以样本企业人员规模的中位数为界，将样本企业划分为大规模企业和小规模企业两类。Big 为企业规模分类变量，当企业人员规模大于或等于样本所有企业人员规模的中位数时，企业被划为大规模企业，Big 取 1；当企业人员规模小于样本所有企业人员规模的中位数时，企业被划为小规模企业，Big 取 0。然后在基准回归模型中，依次分别加入核心自变量数字新基建、信息基建、融合基建和创新基建发展水平与该虚拟变量 Big 的交乘项，通过交互项的形式考察新型数字基础设施建设对企业国际化扩张的影响是否会因所在企业规模的差异而不同。具体回归结果见表 5 - 5。

表 5 - 5　　　　　　　　　异质性分析——按照企业规模

变量	(1)	(2)	(3)	(4)
核心解释变量				
lninfra	0. 030 *** (11. 763)			
lninfra1		0. 034 *** (13. 444)		

续表

变量	(1)	(2)	(3)	(4)
lninfra2			0.025 *** (10.766)	
lninfra3				0.025 *** (11.339)
交互项				
lninfra * Big	−0.004 *** (−6.450)			
lninfra1 * Big		−0.006 *** (−6.165)		
lninfra2 * Big			−0.005 *** (−6.414)	
lninfra3 * Big				−0.006 *** (−6.588)
控制变量				
SOE	−0.047 *** (−13.434)	−0.048 *** (−13.475)	−0.048 *** (−13.482)	−0.049 *** (−13.751)
Age	−0.016 *** (−2.823)	−0.016 *** (−2.745)	−0.017 *** (−2.944)	−0.016 *** (−2.696)
Size	0.026 *** (12.570)	0.026 *** (12.767)	0.026 *** (12.600)	0.026 *** (12.896)
ROA	−0.009 (−1.618)	−0.009 (−1.535)	−0.009 (−1.628)	−0.009 (−1.525)
Liability	−0.003 ** (−1.999)	−0.002 ** (−1.981)	−0.003 ** (−1.989)	−0.003 ** (−2.162)
Holder10	0.001 *** (5.523)	0.001 *** (5.041)	0.001 *** (5.542)	0.001 *** (5.704)
年份	控制	控制	控制	控制
行业	控制	控制	控制	控制

续表

变量	（1）	（2）	（3）	（4）
Constant	-0.257^{***} (-8.133)	-0.216^{***} (-7.299)	-0.212^{***} (-6.973)	-0.179^{***} (-6.209)
Observations	17672	17672	17672	17672
R – squared	0.117	0.118	0.116	0.116
r2_a	0.114	0.115	0.113	0.114
F	83.45	86.15	82.68	84.18

注：括号中为 t 值，***、**、* 分别表示 1%、5%、10% 的显著性水平。

如表 5 – 5 第（1）~（4）列所示，交互项系数均显著为负，新型数字基础设施建设对小规模企业国际化扩张的提升作用要比大规模企业更高。可能的原因是小规模企业，组织结构更加灵活，能够更加充分利用数字技术加快调整战略计划和生产决策，降低生产成本和组织协调成本，提升产品质量和市场竞争力，进而增强国际竞争力，助力企业国际化扩张。

3. 基于企业所属地区的异质性分析

新基建赋能不同地区制造业企业国际化水平提升的异质性。通常而言，不同地区数字新基建的发展阶段、模式、规模、效果等发展水平，会受经济发展程度差异的影响而有所不同。例如，受地理位置、资源禀赋、市场活力、战略导向、产业政策等影响，我国东部、中部和西部地区相关省份的数字新基建发展呈现出明显的地区差异，相应的制造业企业的国际化扩张发展特征亦有明显不同。东部地区地处改革开放前沿阵地，市场活力最高，政策优势最好，技术创新优势明显，数字新基建发展已和制造业企业国际化扩张形成良性循环发展态势；中、西部地区资源禀赋较好，但其市场配置资源能力相对欠缺，而且制造业企业国际化发展相对不足。因此，数字新基建赋能不同地区企业国际化水平提升时会存在显著异质性：东部地区数字新基建发展水平较高，赋能当地企业国际化扩张的效果最好；中西部地区可能因"新基建"发展相对不足和滞后而使其赋能企业国际化的效果受到制约。

为进一步检验数字新基建发展对企业国际化水平提升的效应是否存在地区差异，本书根据企业所在地区的差异，将样本企业分为东部地区企业和中西部地区企业，通过设定虚拟变量的形式，当样本企业处于东部地区时，变量 East 取值为 1，当样本企业处于中西部地区时，变量 East 取值为 0。然后在基准回归模型中，依次分别加入核心自变量数字新基建、信息基建、融合基建和创新基建发展水平与虚拟变量 East 的交乘项，通过交互项的形式考察数字新基建对企业国际化扩张的影响是否存在地区差异。具体回归结果见表 5 - 6。

表 5 - 6   异质性分析——分地区

变量	(1)	(2)	(3)	(4)
核心解释变量				
lninfra	0.016 *** (6.109)			
lninfra1		0.005 (1.625)		
lninfra2			0.013 *** (5.636)	
lninfra3				0.007 *** (3.075)
交互项				
lninfra * East	0.009 *** (19.576)			
lninfra1 * East		0.012 *** (16.899)		
lninfra2 * East			0.010 *** (20.422)	

续表

变量	（1）	（2）	（3）	（4）
lninfra3 * East				0.012 *** （19.306）
控制变量				
SOE	− 0.045 *** （− 12.921）	− 0.047 *** （− 13.300）	− 0.045 *** （− 12.807）	− 0.047 *** （− 13.248）
Age	− 0.016 *** （− 2.656）	− 0.016 *** （− 2.724）	− 0.016 *** （− 2.726）	− 0.015 *** （− 2.590）
Size	0.017 *** （11.922）	0.017 *** （12.239）	0.017 *** （11.992）	0.017 *** （12.050）
ROA	− 0.012 * （− 1.807）	− 0.011 * （− 1.792）	− 0.012 * （− 1.807）	− 0.011 * （− 1.783）
Liability	− 0.003 ** （− 2.039）	− 0.003 ** （− 2.114）	− 0.002 ** （− 2.017）	− 0.003 ** （− 2.177）
Holder10	0.001 *** （4.386）	0.000 *** （4.365）	0.000 *** （4.315）	0.001 *** （4.570）
年份	控制	控制	控制	控制
行业	控制	控制	控制	控制
Constant	− 0.137 *** （− 4.730）	− 0.065 ** （− 2.357）	− 0.113 *** （− 4.090）	− 0.070 *** （− 2.655）
Observations	17672	17672	17672	17672
R2	0.129	0.126	0.129	0.128
调整后 R2	0.126	0.124	0.127	0.125
F	83.96	88.15	83.86	85.01

注：括号中为 t 值，*** 、** 、* 分别表示 1% 、5% 、10% 的显著性水平。

表 5 − 6 第（1）~（4）列回归结果可以看出，数字新基建总体水平和三个维度即信息基建、融合基建及创新基建的发展水平，与企业所在地区 East 的交互项系数均显著为正，说明与中西部地区企业相比，东

部地区数字新基建总体发展和信息基建、融合基建、创新基建发展对当地企业国际化扩张的作用相对更强。这意味着数字新基建发展更能促进东部地区企业国际化扩张。可能的原因是，相对于中西部地区，一方面，东部地区经济发展较好，能够更好地支持新型数字基础设施建设，进而推动企业积极利用数字技术快速发展带来的资源优势，提升企业国际化水平；另一方面，东部地区的技术创新能力通常更高，而技术创新能力不仅是支撑数字技术的重要基础，还是推动企业进行国际化扩张的有效路径。因此，中西部地区可能因"数字新基建"发展相对不足和滞后以及技术创新能力较低而使其赋能企业国际化的效果受到制约。

5.4.3　稳健性检验与内生性分析

考虑到新型数字基础设施从建成到对企业国际化产生影响可能存在一定的时滞，为更准确地估计新型数字基础设施建设对企业国际化扩张的影响，本书将包含核心解释变量（数字新基建总指数和信息基建、融合基建及创新基建三个分指数）和控制变量在内的所有解释变量滞后一期后重新进行回归，结果见表 5 - 7。可以看出，数字新基建总指数、信息基建发展指数、融合基建发展指数和创新基建发展指数的系数依然显著为正，并且系数和基准回归中的系数比较接近，可见，基准回归结果比较稳健，提升数字新基建总体发展水平、信息基建发展水平、融合基建发展水平和创新基建发展水平均有助于推动当地企业进行国际化扩张。

另外，核心解释变量数字新基建总指数和信息基建、融合基建及创新基建三个分指均为省级层面数据，而被解释变量企业国际化水平则为企业层面数据。一般而言，省级层面的数字新基建发展水平很难受到单个企业的影响，即省级数字新基建发展与企业国际化扩张之间由反向因果引起的内生性问题的可能性比较低。尽管如此，为降低可能的内生性，本书将所有解释变量滞后一期后重新进行回归，结果如表 5 - 7 所示。不难看出，核心解释变量的系数依然显著为正，说明前文基准回归结果比较稳健。

表 5 - 7　　　　　　　　　稳健性检验

变量	(1)	(2)	(3)	(4)
核心解释变量				
L. lninfra	0.028 *** (10.309)			
L. lninfra1		0.031 *** (12.375)		
L. lninfra2			0.022 *** (9.073)	
L. lninfra3				0.021 *** (9.526)
控制变量				
L. Age	-0.018 *** (-2.974)	-0.017 *** (-2.872)	-0.018 *** (-3.078)	-0.017 *** (-2.861)
L. Size	0.015 *** (10.455)	0.016 *** (10.951)	0.015 *** (10.521)	0.015 *** (10.618)
L. SOE	-0.046 *** (-12.674)	-0.046 *** (-12.642)	-0.047 *** (-12.745)	-0.048 *** (-12.983)
L. ROA	-0.004 (-0.675)	-0.005 (-0.796)	-0.004 (-0.629)	-0.004 (-0.621)
L. Liability	-0.003 ** (-2.140)	-0.003 ** (-2.151)	-0.003 ** (-2.124)	-0.003 ** (-2.294)
L. Holder10	0.001 *** (5.263)	0.001 *** (4.695)	0.001 *** (5.308)	0.001 *** (5.427)
年份	控制	控制	控制	控制
行业	控制	控制	控制	控制

续表

变量	(1)	(2)	(3)	(4)
Constant	−0.142*** (−4.648)	−0.104*** (−3.733)	−0.097*** (−3.322)	−0.056** (−2.063)
Observations	15758	15758	15758	15758
R^2	0.118	0.120	0.117	0.117
调整后 R^2	0.115	0.117	0.114	0.114
F	82.72	83.45	82.42	83.24

注：括号中为 t 值，***、**、* 分别表示 1%、5%、10% 的显著性水平。

5.5 研究结论与启示

5.5.1 研究结论

推进数字基础设施建设不仅是中国抓住数字化发展的重要举措，也是推动中国经济高质量发展的关键点。基于 2005~2020 年中国 2576 家制造业上市公司的面板数据，采用固定效应模型，评估新型数字基础设施建设对中国制造业企业国际化扩张的影响。研究发现：

（1）数字新基建有效推动了中国制造业企业国际化扩张，在开展严格的识别假设条件和稳健性检验后，实证结果仍然稳健。

（2）数字新基建通过成本节约效应、创新激励效应和数字化效应推动制造业企业国际化扩张。

（3）数字新基建对非国有企业、小规模企业以及东部地区制造业企业的国际化水平提升效应更为显著。

5.5.2　研究启示

第一，适度超前部署新型数字基础设施体系，为企业进行国际化扩张注入新动能。当前，我国数字技术与制造业渗透融合，成为稳增长促转型的重要引擎。而新型数字基础设施建设则为数字技术赋能制造业高质量发展提供了基础保障，具有重要的战略性和先导性作用。为进一步推动中国制造业企业更高层次地参与国际分工和市场竞争，更好地利用国内国际两个市场、两种资源，未来应适度超前部署新型数字基础设施体系。一方面，需持续提升 5G、千兆光网等高质量网络的覆盖广度、深度，加快推进 5G 与产业应用场景的深度融合，构建"云网融合，算网一体"的算力基础设施应用体系，推进人工智能、区块链、大数据等各类新技术基础设施建设。另一方面，还需前瞻布局下一代互联网等前沿领域，全面推进 6G 技术研发与商业试验，提升算力资源供给能力，打造超大规模自主可控的智能算力基础设施，抢占未来发展新优势，为企业利用数字技术提升国际化水平并进行国际化扩张注入新动能。

第二，加强和完善中西部地区新型数字基础设施建设，推动区域开放型经济均衡发展。近年来，伴随传统基建领域的能效逐渐减弱，新型数字基础设施建设重点支撑以大数据、物联网、云计算、区块链和人工智能等数据生产要素为主导的全新生产体系和生产关系，为经济高质量发展和实现高水平开放提供新的契机。然而，受地理位置、资源禀赋、市场活力、战略导向、产业政策等影响，我国东部、中部和西部地区数字新基建发展呈现出明显的地区差异，特别是中西部地区新型数字基础设施建设发展相对不足和滞后，在依托新一轮新型基础设施建设的战略机遇赋能企业国际化扩张的效果受到制约，不利于区域开放型经济的均衡发展。因此，未来应注重新型数字基础设施建设过程中的区域协调，支持中西部地区新型数字基础设施建设，鼓励中西部地区利用新型数字基础设施建设发展新契机，充分发挥新型数字基础设施建设对企业国际化扩张的积极作用，不断缩小地区差异，推动区域开放型经济协调发展。

第三，充分发挥数字基础设施的创新激励效应，激活制造业企业的技术创新潜能。推动数字技术与企业创新的有效融合，加快企业的产品创新和技术创新，提升企业的核心竞争力。新型数字基础设施是数字技术得以快速应用的基础，制造业企业应充分发挥数字技术突破时空限制和数字平台链接全球资源的优势，在强化国际合作中高效整合跨区域、跨行业的全球创新资源，推进关键核心技术协同攻关，强化新型数字基础设施建设的能力和质量，不断提升企业的技术创新能力，为更好地进入国际市场，参与国际竞争奠定坚实的基础。

第四，推进数字基础设施建设，支持企业数字化转型。本书研究发现，加强和完善新型数字基础设施建设，有助于企业加快内部信息化建设，推动企业数字化转型，助力企业进行国际化扩张。在数字经济背景下，应注重提高数字基础设施的建设质量和运行效率，支持企业数字化转型，引导传统制造业企业充分利用数字基础设施资源，丰富数字技术应用场景，不断调整业务流程、组织结构和治理模式，提高企业的生产和决策效率，增强市场竞争力。

第6章

数字金融对企业国际化扩张的影响研究

6.1 引言与文献综述

当前，以互联网、大数据、云计算、人工智能、区块链为代表的数字技术飞速发展，正深刻改变着人类社会的生产生活方式。随着数字科技和数据的迭代、应用和创新，金融企业的数字金融业务场景趋于多样化，已逐渐形成包括数字货币、数字支付、数字信贷、数字理财等产品在内的数字金融业态，且数字金融作为技术工具也开始赋能科技金融、普惠金融等其他业务领域。2023 年 10 月召开的中央金融工作会议，提出要重点做好科技金融、绿色金融、普惠金融、养老金融、数字金融"五篇大文章"，第一次将数字金融提高到国家战略层面。[①] 2023 年 12 月31 日，国家数据局等十七部门发布《"数据要素×"三年行动计

---

① 中华人民共和国中央人民政府，高质量做好五篇大文章为金融强国建设贡献邮储力量——中国邮政储蓄银行党委副书记、行长刘建军接受新华社记者采访 ［N］.2024 – 02 – 14，2024 – 03 – 20.

划（2024—2026）》，提出发挥金融科技和数据要素的驱动作用、鼓励"数据要素×金融服务"（如信贷业务、保险业务），推进数字金融发展；强调要发挥数据要素的放大、叠加、倍增作用，鼓励数据在不同场景中发挥千姿百态的乘数效应，达到一方面提升实体经济金融服务水平，另一方面又提高金融抗风险能力。

发展数字经济，实现"数实融合"，需要数字金融的赋能。由于数字经济以数据资源为关键要素，以信息通信技术融合应用、全要素数字化转型为重要推动力，因此具有"数据和技术"特征的数字金融可以有效促进数据与实业融合，为经济发展提供高质量服务，推动数字经济高质量发展。党的二十大报告指出，完善中国特色现代企业制度，弘扬企业家精神，加快建设世界一流企业。推进中国企业的国际化扩张，实现高水平的国际化发展，创建具有全球竞争力的世界一流企业，与经济高质量发展息息相关。

作为金融业数字化创新的产物，数字金融基于数据技术优势，有效地缓解了信息不对称，提高了金融服务质效。根据中国互联网络信息中心（CNNIC）发布第52次《中国互联网络发展状况统计报告》，截至2023年6月，我国网络支付用户规模达9.43亿人，较2022年12月增长3176万人，占网民整体的87.5%。数字支付、数字借贷等数字金融的发展是否可以推动我国制造业企业国际化扩张？其内在理论机制是什么？这些成为本章关注的核心问题。

通过梳理相关国内外文献，发现国外研究分别从宏观视角，考察了数字金融对经济发展、经济增长（Sarma and Pais，2011；Anand and Chhikara，2013；Banna，2020）的影响，也有部分研究从微观视角探讨了数字金融对制造业服务化、企业创新的经济效应（Chen and Zhang，2021；Ding et al.，2022）。国内相关研究主要从居民消费（易行健和周利，2018；何宗樾、宋旭光，2020）、创新创业（谢绚丽等，2018）、金融需求（唐松等，2020）、经济增长（张勋等，2019）、城乡居民收入差距（李牧辰等，2020；宋晓玲，2017）等方面考察了数字金融发展的经济效应。其中，大量文献通过实证分析，发现数字金融通过促进产业结构升级、企业技术创新、环境规制、创新创业等机制（徐伟呈等，2022；项圆心，2023），促进经济高质量发展（李三希、黄卓，2022；姜松、周鑫悦，2021）。

关于数字金融与企业国际化扩张方面，已有文献更多是从金融发展角度，考察其对企业出口、对外直接投资、价值链参与及地位等开放活动的影响效应。例如，贝克尔（Becker et al.，2013）利用世界各国双边贸易数据与金融市场数据，发现金融发展通过降低企业出口前期的生产成本，最终提高企业自身的出口规模。德博尔德和魏（Desbordes and Wei，2017）考察了母国与东道国金融市场发展对吸引外资和对外直接投资的影响，发现不同国家金融市场发展对企业对外直接投资均具有促进作用。蒋冠宏、曾靓（2020）考察了融资约束对中国企业对外直接投资模式的影响，发现金融市场发展的滞后不利于企业外部融资，进而影响企业在对外直接投资模式上的选择。连和陈（Lian and Chen，2017）发现，传统信贷市场发展加速企业国际化进程，尤其提升了外部融资需求更高的企业的国际化水平。金祥义等（2022）认为金融发展为企业海外扩张活动提供有效的信贷融资，使得外部融资依赖程度高的企业具备海外市场扩张的比较优势。由此可见，金融市场的开放和持续发展是实现企业国际化水平跃升的重要因素。此外，金祥义、张文菲（2022）还从数字金融角度，考察了数字金融发展对企业出口的影响，认为数字金融发展为企业出口提供了高效的外部融资渠道，在解决企业融资困境后，促进企业出口价值链地位的攀升。

综上所述，大量文献就银行信贷、资本市场等传统金融市场发展对企业出口或对外直接投资的影响作用进行考察。从数字金融发展角度考察企业国际化扩张的研究非常少，并且主要聚焦于出口方面。基于此，本章从数字金融视角，系统考察企业所在城市的数字金融发展对企业国际化扩张的影响效应及其理论机制，以及这种影响效应在具体细分行业中的异质性，进一步丰富了数字金融和企业国际化方面相关研究。

理论分析与研究假说

伴随人工智能、大数据、云计算、区块链、物联网等新一代信息技术的快速发展,数字金融这一新型金融创新模式应运而生。数字金融的快速发展,有效促进金融产品创新,推动融资产品多样化,提高金融服务效率,拓宽企业的融资渠道,降低企业的融资成本,特别是有助于缓解民营企业和中小企业的融资困境,推动民营企业了解国际市场,进行国际化扩张。城市数字金融发展主要通过两种渠道影响当地企业的国际化扩张。

6.2.1 成本节约效应

首先,数字金融依托信息技术优势,实现行业、企业、个人等不同主体间信息的快速匹配和整合,有助于降低信息不对称(万佳或等,2020),对企业进行精准的风险评估(黄浩,2018),降低企业的融资成本。根据融资约束假说,企业与信贷市场存在信息不对称,可能产生逆向选择和道德风险。传统金融市场下,作为主导的国有银行往往在信贷市场占据垄断地位,为降低信贷违约风险,其在选择贷款对象时更倾向于规模大、经营绩效优秀、有足额担保或抵押品的企业,并且给予优惠的贷款利率,而部分中小企业则因"所有制歧视"或"规模歧视"被拒绝给予贷款,从而面临严格的融资约束。而数字金融依托大数据、云计算等信息化技术,能够缓解信贷市场中的信息不对称,加大外部金融机构对企业风险和信用的把控,提高企业获得信贷融资的可能性(艾华、冀晓曼,2023)。

其次,数字技术与金融业务的加速融合极大地扩展了金融服务的广度与深度。不仅使得保险、理财等传统金融业务迈向互联网平台,呈现互联网保险、互联网理财等新形式，还创新出第三方支付和货币基金等金融业务，为企业融资提供更多渠道。相比传统金融服务，数字金融凭借数字化技术，解决了金融机构与用户之间的信息不对称问题，通过线上与线下相融合的方式，打破传统金融的地域限制，提高金融服务效率，降低企业的融资成本（熊家财等，2022）。

综合上述两个方面可以看出，数字金融发展提高企业获取信贷的可能性，降低企业的融资成本，增强企业融资能力。外源融资是企业进行国际化扩张的重要资金来源，特别是企业在东道国进行绿地投资活动，需要租建厂房、购买经营设备、配备技术人员和管理人员，经营周期长、风险高，对外部融资的依赖性更强，融资成本过高增加企业的财务风险，间接加大企业经营压力，迫使企业退出市场（Helpman et al.，2004）。基于此，我们认为企业所在地区的数字金融发展程度越高，当地企业越容易获取高效便捷的数字金融服务，进而降低融资成本，缓解企业面临的融资约束，减轻企业经营压力，增强企业国际化扩张的意愿和能力。

6.2.2　创新激励效应

研发创新是企业进行国际化扩张的重要驱动因素。但研发创新活动往往具有风险高、周期长、不可逆等特征，受资源约束及专业化分工的影响，单一企业通常很难拥有创新所需的全部资源，需要通过购买、合作等开放式创新活动来获得外部的互补性资源（lambe and Spekman，1997），这使得企业的创新活动容易面临较强的融资约束。外部融资成为企业分担技术创新风险，获取持续资金投入的重要方式和来源。

首先，前沿技术研发往往面临前期资金投入成本高、过程不可逆、成果不确定性等难题和挑战。数字金融具有成本低、门槛低、高效便捷等优点，其快速发展有助于构建以市场为导向的多元化融资体系，极大地降低企业研发创新的交易成本，为企业研发项目的顺利开展提供金融支持。数字金融发展水平越高，企业越容易从高效稳定的金融市场中获取融资，以维持研发投入，激励研发创新活动。数字金融还可以扩大资金流量，降低企业的杠杆和财务成本，促使企业资金向高质量研发项目特别是前沿技术研发转移，还会降低技术创新投入成本和研发中断的风险，提升企业技术创新效率，推动前沿技术研究和开发。

其次，研发创新项目是企业发展的重要战略，侧面反映了企业未来的商业布局和发展方向。企业在公布相关信息时持谨慎态度，往往避免披露细节，这加剧了企业与金融市场投资者之间的信息不对称，进而造成企业外部融资约束加剧（唐嘉励、唐清泉，2010）。数字金融打破了传统的创新模式，凭借数字技术降低了因信息不对称而带来的研发不确定性，提高了行业的创新效率，并且从影响消费规模和结构方面促使生产者进行创新（刘佳鑫、李莎，2021）。

最后，数字金融新的平台模式也从某种意义上激发企业的创新意愿和创新行为，提升企业的营运能力及盈利能力（周之瀚，2022）。而研发创新是企业进行国际化扩张的重要驱动因素。由此可以推断，数字金融通过创新激励效应推动企业国际化扩张。

综合上述两个方面分析，可以推出如下假设：

假设1：数字金融与企业国际化扩张之间呈正相关关系，即数字金融发展水平越高，越容易推动该地区企业进行国际化扩张。

6.3　模型和数据说明

6.3.1　样本和数据来源

本书以2011~2022年中国所有A股上市的制造业企业为研究对象，就数字金融对企业国际化扩张的影响进行实证分析。数据所做的处理和筛选如下：剔除 ST、PT 等上市状态异常的企业；剔除数据不完整的公司；剔除掉制造业以外的企业。最终样本为 2011～2022 年 2950 家上市公司，共计 23489 个观测值。

本研究涉及中国各城市数字普惠金融发展指数、中国 A 股上市公司国际化经营数据和上市公司的研发及财务数据三类数据。其中，数字金融指标来源于北京大学数字金融研究中心公布的"北京大学数字普惠金融指数"，采用该数据中城市层面的数字普惠金融指数的对数值来衡量。上市公司的国际化经营数据来自万得数据库（Wind 数据库），其他关于上市公司的财务数据、研发数据来自国泰安数据库。各省、直辖市、自治区的专利数据和人口等省级层面数据来自国家统计局。

根据证监会 2012 年《上市公司行业分类指引》，研究中将样本企业所属的制造业行业进一步细分，如表 6－1 所示，可以看出，样本企业所属行业主要集中在计算机、通信和其他电子设备制造业（471 家企业，占样本总数 15.96%）、化学原料和化学制品制造业（301 家企业，占样本总数 10.2%）、专用设备制造业（290 家企业，占样本总数 9.82%）、电气机械和器材制造业（282 家企业，占样本总数 9.55）、医药制造业（278 家企业，占样本总数 9.42%）、通用设备制造业（190 家企业，占样本总数 6.44%）、橡胶和塑料制品业（104 家企业，占样本总数 3.52%），这七个行业所包含的样本企业有 1916 家，占总样本 64.91%。

表 6－1　　　　　　　　样本企业的行业分布特征

行业代码	行业名称	企业个数（个）	在总样本中占比（%）
C13	农副食品加工业	50	1.69
C14	食品制造业	66	2.24
C15	酒、饮料和精制茶制造业	43	1.46
C17	纺织业	41	1.39
C18	纺织服装、服饰业	35	1.19

续表

行业代码	行业名称	企业个数（个）	在总样本中占比（%）
C19	皮革、毛皮、羽毛及其制品和制鞋业	12	0.41
C20	木材加工和木、竹、藤、棕、草制品业	8	0.27
C21	家具制造业	28	0.95
C22	造纸和纸制品业	36	1.22
C23	印刷和记录媒介复制业	13	0.44
C24	文教、工美、体育和娱乐用品制造业	20	0.68
C25	石油、煤炭及其他燃料加工业	15	0.51
C26	化学原料和化学制品制造业	301	10.20
C27	医药制造业	278	9.42
C28	化学纤维制造业	29	0.98
C29	橡胶和塑料制品业	104	3.52
C30	非金属矿物制品业	100	3.39
C31	黑色金属冶炼和压延加工业	28	0.95
C32	有色金属冶炼和压延加工业	79	2.68
C33	金属制品业	100	3.39
C34	通用设备制造业	190	6.44
C35	专用设备制造业	290	9.82
C36	汽车制造业	157	5.32
C37	铁路、船舶、航空航天和其他运输设备制造业	73	2.47
C38	电气机械和器材制造业	282	9.55
C39	计算机、通信和其他电子设备制造业	471	15.96
C40	仪器仪表制造业	79	2.68
C41	其他制造业	14	0.47
C42	废弃资源综合利用业	10	0.34
总计		2952	100

6.3.2　计量模型及变量选择

为考察城市数字金融发展水平对当地企业国际化扩张的影响，本书构造以下计量模型：

$$\text{Internation}_{ijt} = \alpha + \beta\text{Finace\_index}_{jt} + \gamma Z_{it} + \delta_m + \delta_t + \varepsilon_{ijt} \qquad (6.1)$$

其中，i、j、m 分别表示企业及其所在的城市和行业，t 表示年份，Z_{it} 表示企业层面的控制变量，δ_m、δ_t 分别表示用以控制行业固定效应和年份固定效应，ε_{ijt} 表示随机误差项。

被解释变量 Internation_{ijt} 表示企业 i 在 t 年的国际化水平。国际化反映了企业参与国际化业务的程度。通常有两种衡量方法：一种是海外销售收入占总销售收入的比例，海外销售收入包括从出口、以 FDI 为基础的海外生产获得的销售收入（Contractor，2007），这种测算指标反映了企业暴露在国外市场的程度；另一种是海外子公司个数占所有子公司个数的比例。这种测算方式反映了横跨不同国家的分支机构的范围和规模（Sun et al.，2015）。本书采用第一种衡量方法。

核心自变量 Finace_index_{jt} 表示城市 j 在 t 年的数字金融发展水平，包含数字金融发展总指数以及数字金融覆盖广度、数字金融使用深度和普惠金融数字化程度三个分指数，数据来自北京大学数字金融研究中心发布的数字普惠金融指数报告，该报告统计了 2011～2022 年中国各城市总体数字普惠金融发展总指数和数字普惠金融覆盖广度、数字普惠金融使用深度和普惠金融数字化程度 3 个细分指数的情况，其中总指数由 3 个细分指数加权合成得到。本书在实证分析中对该指数进行对数化处理，其数值越大，表示城市 j 的相应的数字金融发展水平越高。

Z_{it} 是控制变量，主要控制企业层面的特征，包含企业年龄、企业规模、所有权、资产报酬率、资产负债率、股权集中度等。其中，企业年龄（age），用当年减去企业成立年份再加 1 来测度。企业规模用企业总资产的自然对数来表示。所有权，用虚拟变量来表示，国有企业取1，非国有企业取0。资产报酬率用净利润与总资产的比值来衡量。资产负债率，用企业总负债占总资产的比值来衡量。股权集中度（Holder10），用上市公司前十大股东的持股比例来测度。各个变量的具体含义和衡量方法如表6-2所示。

表6-2　　　　　　　　　　　主要变量的含义及衡量方法

变量名称	符号	变量含义
企业国际化扩张	Internation	海外营业收入/总收入
数字金融	Index-total	城市层面数字普惠金融指数，取自然对数
数字金融覆盖广度	Index-breadth	账户覆盖率
数字金融使用深度	Index-depth	支付、货币基金、信贷、保险、投资、信用业务
普惠金融数字化程度	Index-digit	移动化、实惠化、信用化、便利化
企业规模	size	企业总资产的自然对数
企业年龄	Age	当年 - 开业年份 + 1
所有权	SOE	国有企业取1，非国有企业取0
资产报酬率	ROA	净利润/总资产
资产负债率	Liability	企业总负债占总资产的比值
股权集中度	Holder10	前十大股东持股比例

表6-3是书中各主要变量的描述性统计，可以看出，样本企业国际化水平的最小值为0，最大值为1，均值为0.203，企业国际化的整体水平较低。企业年龄最小值为3，最大值为65，平均年龄为19.13，需要注意的是样本筛选中剔除了2022年新上市企业。企业所有权的均值为0.289，说明样本企业中的国有企业占到28.9%，接近样本总数的1/3。

表 6 - 3 变量描述性统计

Stats	N	Mean	SD	Min	Max
Internation	18153	0. 203	0. 240	0	1
Index-total	23489	5. 423	0. 423	3. 140	5. 889
Index-breadth	23489	5. 428	0. 432	1. 502	5. 973
Index-depth	23489	5. 385	0. 417	2. 525	5. 870
Index-digit	23489	5. 432	0. 547	1. 221	6. 365
Age	23489	19. 130	5. 899	3	65
Size	23489	22. 017	1. 199	16. 412	27. 621
SOE	23489	0. 289	0. 453	0	1
ROA	23489	0. 040	0. 330	− 30. 688	22. 005
Liability	23489	0. 401	1. 207	0. 008	178. 346
Holder10	23462	58. 835	15. 007	8. 78	101. 16

6.4 实证结果分析

6.4.1 基准回归分析

表 6 - 4 汇报了数字金融影响企业国际化扩张的固定效应模型估计结果。其中,第(1)列中放入了核心解释变量数字金融总指数和控制变量,反映了数字金融总体发展水平对企业国际化的影响,回归结果显示,数字金融总体指数的系数显著为 0.053,说明城市数字金融发展总体水平显著促进当地企业国际化水平的提升。第(2)~(4)列则分别加入了构建数字金融总指数的三个分指数,即数字金融覆盖广度、数字金融使用深度和普惠金融数字化程度。由于三个分指数存在一定相关度,故采用分别放入的方式。由第(2)列可以看出,数字金融覆盖广

度的系数为 0.022，并且在 5% 的水平下显著，表明数字金融覆盖广度与企业国际化之间存在正相关关系，即城市的数字金融覆盖广度越高，当地企业的国际化水平越高。第（3）列中，数字金融使用深度的系数显著为正（β = 0.088，P < 0.01），表明数字金融使用深度与企业国际化也存在正相关关系，即城市的数字金融使用深度也会促进当地企业国际化。第（4）列中，核心解释变量普惠金融数字化程度为 - 0.023，并且在 10% 的水平下显著。这与预期相反，说明普惠金融数字化程度对企业国际化的作用还没有得到有效发挥。结合普惠金融数字化程度指标反映的移动化、实惠化、信用化、便利化四个方面，可能的原因是当前我国普惠金融数字化水平仍比较低，更多的是个人采用相关工具进行贷款，对企业而言，其发展水平仍有待提升。结合表第（1）~（4）列的结果，可以看出数字金融对企业国际化起到正向促进作用，假设 1 得到部分验证。

表 6 - 4　　　　　　　　　　基准回归结果

变量	(1)	(2)	(3)	(4)
核心解释变量				
Index-total	0. 053 *** (3. 626)			
Index-breadth		0. 022 ** (2. 098)		
Index-depth			0. 088 *** (7. 425)	
Index-digit				- 0. 023 * (- 1. 817)
控制变量				
Age	- 0. 001 ** (- 2. 187)	- 0. 001 ** (- 2. 250)	- 0. 001 ** (- 2. 049)	- 0. 001 ** (- 2. 306)

续表

变量	(1)	(2)	(3)	(4)
Size	−0.001 (−0.463)	−0.001 (−0.475)	−0.001 (−0.376)	−0.001 (−0.464)
SOE	−0.052*** (−14.152)	−0.052*** (−14.226)	−0.051*** (−13.950)	−0.053*** (−14.262)
ROA	−0.000 (−0.046)	−0.000 (−0.064)	−0.000 (−0.009)	−0.001 (−0.089)
Liability	−0.008* (−1.705)	−0.008* (−1.823)	−0.006 (−1.239)	−0.008* (−1.820)
Holders10	0.001*** (8.459)	0.001*** (8.639)	0.001*** (8.185)	0.001*** (8.879)
年份	控制	控制	控制	控制
行业	控制	控制	控制	控制
常数项	−0.125* (−1.747)	0.004 (0.064)	−0.275*** (−4.451)	0.182*** (3.075)
观测值	18140	18140	18140	18140
R2	0.109	0.108	0.110	0.108
调整后 R2	0.107	0.106	0.108	0.106
F	112.3	111.3	111.8	109.3

注：括号中为 t 值，***、**、* 分别表示1%、5%、10%的显著性水平。

就控制变量而言，企业年龄的系数显著为负，说明上市公司中，企业年龄越高，企业国际化水平越低，这和已有研究一致，表明新成立的年轻企业更倾向于开拓海外市场。所有权 SOE 的系数显著为负，说明上市公司中，国有企业的国际化程度显著低于非国有企业。资产负债率水平为负数，表明企业资产负债率越高，越不利于企业进行国际化扩张。股权集中度的系数显著为正，说明企业中前十大股东股权集中度越高，越有利于企业进行国际化扩张。

6.4.2 异质性分析

1. 基于企业所有权类型的异质性分析

作为处于转型时期的新兴经济经济体国家，中国国有企业的统治地位虽然逐渐削弱，但是由于历史因素，国有企业在获取政府资本信息和政策支持等方面仍然具有比较优势，特别是在获取银行信贷资源方面，与民营企业相比，国有企业在往往具有多样化的融资渠道，更低的融资门槛和融资成本，以及更优先的信贷配给地位。而民营企业在传统金融服务方面更容易受到信贷歧视，通常会面临更高的融资约束问题，这可能会对企业的国际化决策和进程产生影响（叶宁华、张伯伟，2017）。数字金融将为民营企业提供多样化、智能化的信贷产品和服务，推动金融资源的合理化配置。

数字金融对企业国际化扩张的影响是否会因为企业所有权的差异而有所不同呢？为进一步检验该问题，本章根据企业所有权的差异，将样本企业分为国有企业和非国有企业，通过设定虚拟变量的形式，当样本企业属于国有企业时，变量 SOE 取值为 1，当样本企业属于非国有企业时，变量 SOE 取值为 0。然后在基准回归模型中，依次分别加入核心自变量数字金融总指数、三个分指数与该虚拟变量 SOE 的交乘项，通过交互项的形式考察数字金融对企业国际化扩张的影响是否会因所有权差异而不同。具体回归结果见表 6－5。

表 6－5　　　　　　　　　　所有权的异质性分析

变量	(1)	(2)	(3)	(4)
核心解释变量				
Index-total	0.064 *** (4.269)			

续表

变量	(1)	(2)	(3)	(4)
Index-breadth		0.032 *** (2.939)		
Index-depth			0.101 *** (8.199)	
Index-digit				− 0.019 (− 1.462)
交互项				
Index-total ∗ SOE	− 0.031 *** (− 3.950)			
Index-breadth ∗ SOE		− 0.030 *** (− 3.838)		
Index-depth ∗ SOE			− 0.034 *** (− 4.516)	
Index-digit ∗ SOE				− 0.017 *** (− 2.828)
控制变量				
SOE	0.112 *** (2.691)	0.106 ** (2.565)	0.132 *** (3.251)	0.039 (1.189)
Age	− 0.001 ** (− 1.978)	− 0.001 ** (− 2.037)	− 0.001 * (− 1.816)	− 0.001 ** (− 2.202)
Size	− 0.001 (− 0.366)	− 0.001 (− 0.386)	− 0.000 (− 0.249)	− 0.001 (− 0.416)
ROA	− 0.001 (− 0.206)	− 0.001 (− 0.202)	− 0.001 (− 0.187)	− 0.002 (− 0.230)
Liability	− 0.008 * (− 1.917)	− 0.009 ** (− 2.033)	− 0.007 (− 1.468)	− 0.008 * (− 1.926)
Holder10	0.001 *** (8.549)	0.001 *** (8.750)	0.001 *** (8.239)	0.001 *** (8.927)

续表

变量	（1）	（2）	（3）	（4）
行业	控制	控制	控制	控制
年份	控制	控制	控制	控制
常数项	−0.186** （−2.534）	−0.054 （−0.899）	−0.345*** （−5.386）	0.153** （2.538）
观测值	18140	18140	18140	18140
R^2	0.109	0.109	0.111	0.109
调整后 R^2	0.107	0.107	0.109	0.106
F	108.9	108.6	107.6	105.7

注：括号中为 t 值，***、**、* 分别表示1%、5%、10%的显著性水平，下表同。

表6-5第（1）~（4）列回归结果，可以看出数字普惠金融总指数和三个分指数即数字金融覆盖广度、数字金融使用深度和普惠金融数字化程度，与企业所有权 SOE 的交互项系数均显著为负，说明与非国有企业相比，数字金融发展对国有企业国际化扩张的作用要更弱。这意味着数字金融发展更能促进非国有企业国际化扩张。可能的原因是，非国有企业面临较高的信贷歧视和融资约束，数字金融发展有助于缓解非国有企业的融资约束，从而推动其将更多的资金用于国际化扩张中，促进自身国际化水平的提升。

2. 基于企业是否属于专精特新企业的异质性分析

"专精特新"，是指具备专业化、精细化、特色化、新颖化四大优势的中小企业，这些企业通常长期专注于某些细分领域，在技术工艺、产品质量上深耕细作，具有专业程度高、创新能力强、发展潜力大等特点，是推动经济社会发展的重要力量。近年来，我国高度重视引导中小企业走"专精特新"发展道路，政府部门多措并举，相继出台税收优惠、金融服务、人才引进等配套支持政策，以期激发"专精新特"的最大潜能。专精特新中小企业是工业和信息化部受理的项目，通过专精特新认证的企业，不仅在可以获得财政专项资金支持，还可以在融资服务、技术服务、创新驱动、转型升级、市场开拓等方面得到政策扶持。此外，该荣誉也有利于中小企业后期在金融服务方面获得更多帮助，拓宽中小企业融资渠道。综上所述，与非专精特新企业相比，获得专精特新荣誉的企业，在获取信贷资源方面更具优势。数字金融借助数字技术，为企业发展提供多样化、智能化的信贷产品和服务，推动金融资源的合理化配置。

数字金融发展对企业国际化的提升作用是否会因企业是否获得专精特新认证而有所差异呢？为检验该问题，本书根据企业是否获得专精特新认证，将样本企业分为专精特新企业和非专精特新企业，通过设定虚拟变量的形式，当样本企业属于专精特新企业时，变量 SRDI 取值为 1，当样本企业属于非专精特新企业时，变量 SRDI 取值为 0。然后在基准回归模型中，依次分别加入核心自变量数字金融总指数、三个分指数与该虚拟变量 SRDI 的交乘项，通过交互项的形式考察数字金融对企业国际化扩张的影响是否因企业获得专精特新认证而不同。具体回归结果见表 6 – 6。

表 6 – 6 第 (1)~(4) 列回归结果，可以看出数字普惠金融总指数和三个分指数即数字金融覆盖广度、数字金融使用深度和普惠金融数字化程度，与企业专精特新认证 SRDI 的交互项系数均显著为负，说明与非专精特新企业相比，数字金融发展对专精特新企业国际化扩张的作用要更弱。这意味着数字金融发展更能促进非专精特新企业的国际化扩张。可能的原因是，专精特新企业通常能够获得政府的奖励和资金支持，并且在市场开拓、融资服务、技术创新等方面得到政策扶持，专精特新企业所面临的融资约束相对较低。因而数字金融发展对非专精特新企业缓解融资约束的效果更强，更有助于推动非专精特新企业的国际化扩张。

表6-6　　　　　　　　异质性分析——专精特新企业

变量	(1)	(2)	(3)	(4)
核心解释变量				
Index-total	0.059 *** (3.969)			
Index-breadth		0.027 ** (2.498)		
Index-depth			0.095 *** (7.908)	
Index-digit				-0.023 * (-1.742)
交互项				
Index-total * SRDI	-0.016 ** (-1.963)			
Index-breadth * SRDI		-0.016 * (-1.895)		
Index-depth * SRDI			-0.022 *** (-2.734)	
Index-digit * SRDI				-0.003 (-0.536)
控制变量				
SRDI	0.056 (1.241)	0.053 (1.175)	0.088 ** (1.998)	-0.014 (-0.417)
SOE	-0.051 *** (-13.898)	-0.052 *** (-13.973)	-0.051 *** (-13.711)	-0.052 *** (-13.973)
Age	-0.001 ** (-2.411)	-0.001 ** (-2.476)	-0.001 ** (-2.272)	-0.001 ** (-2.529)
Size	-0.002 (-1.211)	-0.002 (-1.219)	-0.002 (-1.141)	-0.002 (-1.194)

续表

变量	（1）	（2）	（3）	（4）
ROA	0.001 （0.122）	0.001 （0.100）	0.001 （0.180）	0.000 （0.037）
Liability	− 0.010** （− 2.236）	− 0.010** （− 2.362）	− 0.008* （− 1.714）	− 0.011** （− 2.407）
Holder10	0.001*** （8.145）	0.001*** （8.320）	0.001*** （7.877）	0.001*** （8.584）
年份	控制	控制	控制	控制
行业	控制	控制	控制	控制
常数项	− 0.124* （− 1.715）	0.009 （0.151）	− 0.282*** （− 4.512）	0.208*** （3.416）
观测值	18140	18140	18140	18140
R^2	0.113	0.112	0.114	0.112
调整后 R^2	0.110	0.110	0.112	0.110
F	108.2	107.4	107.4	106.0

6.4.3　稳健性检验与内生性分析

1. 剔除直辖市

北京、天津、上海、重庆是我国的四大直辖市，与其他各省份在经济发展上具有同等的发展任务。与其他城市相比，四大直辖市具有特殊的政策地位，并在人才引进、经济发展等方面具备一定优势，特别是在数字金融发展方面，四大直辖市表现出明显的发展差异，为了降低四大直辖市发展特殊性对估计结果的影响，本书从样本中剔除掉位于北京、上海、天津、重庆四大直辖市的制造业企业，然后对基准回归重新进行检验，回归结果见表 6-7。

表 6 – 7   稳健性检验——剔除直辖市

变量	(1)	(2)	(3)	(4)
核心解释变量				
Index-total	0.115 *** (7.126)			
Index-breadth		0.056 *** (4.938)		
Index-depth			0.150 *** (11.267)	
Index-digit				−0.022 (−1.627)
控制变量				
Age	−0.001 ** (−2.316)	−0.001 ** (−2.422)	−0.001 ** (−2.107)	−0.001 ** (−2.513)
Size	−0.001 (−0.888)	−0.002 (−0.981)	−0.001 (−0.638)	−0.002 (−1.009)
SOE	−0.052 *** (−13.016)	−0.053 *** (−13.278)	−0.050 *** (−12.578)	−0.054 *** (−13.568)
ROA	−0.000 (−0.009)	−0.000 (−0.042)	0.000 (0.031)	−0.000 (−0.010)
Liability	−0.012 *** (−2.856)	−0.013 *** (−2.958)	−0.010 ** (−2.265)	−0.013 *** (−2.908)
Holder10	0.001 *** (9.561)	0.001 *** (9.836)	0.001 *** (9.296)	0.001 *** (10.329)
年份	控制	控制	控制	控制
行业	控制	控制	控制	控制
Constant	−0.374 *** (−4.670)	−0.129 ** (−2.017)	−0.530 *** (−7.577)	0.191 *** (2.951)
观测值	15382	15382	15382	15382
R^2	0.119	0.117	0.122	0.116
调整后 R^2	0.116	0.115	0.119	0.114
F	122.6	122.5	111.4	115.5

从表 6 - 7 第（1）列结果可以看出，数字金融总指数的系数为
0.115，在 1% 的检验水平上显著，这表明数字金融推动企业国际化水
平的提升。表 6 - 6 第（2）～第（3）列结果显示，数字金融覆盖广度
系数显著为正（β = 0.056，P < 0.01），数字金融使用深度的系数也显
著为正（β = 0.015，P < 0.01），说明数字金融覆盖广度和数字金融使
用深度的提高均有助于推进当地企业的国际化进程。表 6 - 6 第（4）列
结果显示，普惠金融数字化程度为 - 0.022，但统计上并不显著，说明
普惠金融数字化程度对企业国际化的作用还没有得到有效发挥。结合上
述结果，可以看出在剔除位于四大直辖区企业后，除了普惠金融数字化
程度的系数不显著外，数字普惠金融总指数、数字金融覆盖广度和数字
金融使用深度对企业国际化依然存在显著的正向促进作用，这与前文基
准回归的结果接近，说明本书基准分析得出研究结论比较稳健。

2. 解释变量滞后一期

考虑到数字金融发展对企业国际化产生影响可能存在一定的时滞，
为更准确地估计数字普惠金融对企业国际化扩张的影响，本书将包含核
心解释变量（数字金融总指数和三个分指数）和控制变量在内的所有
解释变量滞后一期后重新进行回归，结果见表 6 - 8。

表 6 - 8　　　　　　　　　稳健性检验—解释变量滞后一期

变量	(1)	(2)	(3)	(4)
核心解释变量				
L. Index-total	0.053 *** (3.572)			
L. Index-breadth		0.023 ** (2.181)		
L. Index-depth			0.091 *** (7.527)	

续表

变量	(1)	(2)	(3)	(4)
L. Index-digit				-0.035 *** (-2.761)
控制变量				
L. Age	-0.001 ** (-2.091)	-0.001 ** (-2.148)	-0.001 * (-1.951)	-0.001 ** (-2.202)
L. Size	-0.000 (-0.096)	-0.000 (-0.111)	-0.000 (-0.005)	-0.000 (-0.111)
L. SOE	-0.051 *** (-13.305)	-0.052 *** (-13.366)	-0.051 *** (-13.118)	-0.052 *** (-13.386)
L. ROA	0.004 (0.272)	0.004 (0.308)	0.003 (0.209)	0.005 (0.371)
L. Liability	-0.006 (-1.388)	-0.007 (-1.492)	-0.004 (-0.918)	-0.006 (-1.422)
L. Holder10	0.001 *** (7.637)	0.001 *** (7.798)	0.001 *** (7.355)	0.001 *** (8.040)
年份	控制	控制	控制	控制
行业	控制	控制	控制	控制
Constant	-0.179 * (-1.940)	0.009 (0.120)	-0.391 *** (-5.005)	0.313 *** (3.870)
Observations	16035	16035	16035	16035
R²	0.111	0.111	0.113	0.111
调整后 R²	0.108	0.108	0.110	0.108
F	106.5	105.5	106.4	103.0

回归结果表明，数字金融总指数、数字金融覆盖广度和数字金融使用深度的系数依然显著为正，说明前文基准回归结果比较稳健，数字金融总体发展水平、数字金融覆盖广度和数字金融使用深度水平的提升均有助于推动当地企业进行国际化扩张。普惠金融数字化程度的系数为

负，并且在 1% 的水平下显著，这同样说明普惠金融数字化水平仍然较低，积极作用还未得到有效发挥。

3. 内生性分析

核心解释变量数字金融发展属于城市层面数据，被解释变量企业国际化水平属于企业层面数据，一般而言，城市层面的数字金融发展水平很难受到单个企业的影响，即城市数字金融发展与企业国际化扩张之间由反向因果引起的内生性问题的可能性比较低。说明前文基准回归结果比较稳健。

6.5　研究结论与启示

6.5.1　研究结论

推进中国企业的国际化扩张，实现高水平的国际化发展，创建具有全球竞争力的世界一流企业，是当前推进投资高质量发展、深化高水平对外开放的重要任务之一。近年来，以互联网、大数据、云计算、人工智能、区块链为代表的数字技术飞速发展，孕育出包括数字货币、数字支付、数字信贷、数字理财等产品在内的数字金融新业态，这为推进企业进行国际化扩张提供有利的资金基础。基于此，本书以 2011～2022 年中国 2950 家制造业上市企业为研究对象，采用中国各城市数字普惠金融发展指数、中国 A 股上市公司国际化经营数据和上市公司的研发及财务数据，就数字金融对企业国际化扩张的影响效应进行理论分析和实证检验，并在此基础上根据企业所有权性质和是否获得专精特新认证就这种影响效应进行异质性分析，研究结论如下：

第一，数字金融总体发展水平、数字金融覆盖广度和数字金融覆盖深度均显著促进了中国制造业企业的国际化扩张，且在剔除位于北京、上海、天津、重庆四大直辖市的企业后，以及考虑内生性问题后，估计结果依然稳健。

第二，异质性效应分析表明，从企业所有制情况来看，与国有企业相比，数字金融发展更大程度上促进了中国非国有企业的国际化扩张；从企业是否属于专精特新企业来看，与专精特新企业相比，数字金融发展对中国非专精特新企业的国际化扩张效应更强。

综上所述，在数字经济背景下，发展数字金融有助于缓解企业面临的融资约束，对于拉动企业国际化水平跃升，推动企业国际化扩张具有重要促进作用。

6.5.2　研究启示

随着数字技术和实体经济日益深度融合，加快发展与数字经济相适应的数字金融，成为推动经济社会高质量发展的必然要求。但在实践中，数字金融发展还面临一些困难和挑战。具体而言，一是适应数字金融发展的法律体系有待完善，二是数字金融基础设施建设还需加强，三是数字金融监管亟待升级。

首先，大力发展数字金融，充分发挥数字金融对企业国际化扩张的拉动作用。以大数据、云计算、人工智能、区块链、物联网等高尖数字技术为依托，数字金融将金融资源的配置效率特别是传统金融服务实体经济效率水平提升至新高度，加快发展数字金融成为推动经济社会高质量发展和进一步深化高水平对外开放的必然要求。今后政府部门应鼓励数字金融新业态发展，不断完善与数字金融相关法律法规，加强数字金融监管体系与监督评估机制，加快研发基于数字技术的监管工具和监管平台，对大模型算法、应用场景等加强监控和防范，确保数字金融发展服务实体经济，助力企业国际化经营，推动建设世界一流企业群体。

其次，加快完善数字金融基础设施，为数字金融发展奠定坚实的设施基础。发挥政府主导作用，加快构建公共大数据平台，建立安全权威的算力资源供给能力和供给体系，加强大模型等人工智能基础平台的统筹及利用，提供通用性、基础性智能服务的大模型，避免资源浪费以及潜在风险。同时，要兼顾不同地区数字金融基础设施的平衡发展，对于数字金融发展起步晚、发展水平较低的中西部地区城市，给予更多支持。

再次，加快建设数字金融人才队伍，为数字金融产业长远发展储备人才。数字金融属于新兴金融业态，该行业发展离不开尖端人才的持续补充和智力支持。今后，我国应紧盯人工智能、云计算等前沿数字技术发展趋势，完善数字金融人才培养体系，在高校和科研院所建设数字技术与金融的交叉学科，打造产学研结合的数字金融一体化课程，为培养数字金融复合型人才提供资源支持。另外，我国还应持续健全金融从业人员职业技能培训制度，推动金融从业人员及时掌握数字知识和技能，优化企业人力资本结构，推动数字金融产业的良性可持续健康发展，为推动企业国际化扩张，构建世界一流企业群体提供支撑。

最后，政府部门应该出台数字金融合规发展的规章制度，推动数字金融有序健康发展。数字金融属于新兴金融业态，其发展对实体经济的影响仍具有不确定性，由于缺乏跟进式的法律规制，数字金融产业在很多领域出现混杂无序的发展模式，例如，网络信贷诈骗、P2P 网贷平台集体爆雷等事件，这极大制约了数字金融产业的长久发展。因此，相关政府部门应该颁布规范数字金融产业发展的法律法规文件，严厉打击扰乱市场良性竞争的违规数字团体，为数字金融长久而合规的发展提供法律依据，进而发挥数字金融发展对深化企业国际化经营的积极效应。

第7章

数字经济下中国制造业企业国际化
水平提升的政策建议

7.1 主要研究结论

在数字经济背景下，以大数据、云计算、区块链、人工智能等为代表的数字新技术，具有融合性、开放性和数据网络性特征，通过改变要素结构（数据新要素、要素替代）和创新模式（分布式、串联式、重组式创新），推动制造业创新活动呈现出线上线下互动、全链条协同、跨行业渗透、多元融合共享的发展态势。在数字经济蓬勃发展下，数字金融业务场景趋于多样化，数字新基建项目的投资提质增速。各地将数字新基建和数字金融发展作为推动当地经济发展的重要举措。中央和地方各级政府高度重视新型数字基础设施建设，出台数字中国、网络强国等一系列数字新基建政策。2023年10月召开的中央金融工作会议，提出要重点做好科技金融、绿色金融、普惠金融、养老金融、数字金融

"五篇大文章"，第一次将数字金融提高到国家战略层面。①

推进中国企业的国际化扩张，实现高水平的国际化发展，创建具有全球竞争力的世界一流企业，是当前推进投资高质量发展、深化高水平对外开放的重要任务之一。自"走出去"战略实施以来，我国的开放型经济发展取得举世瞩目的成就，但仍存在诸多问题，如产品开发水平相对落后、自主研发能力缺乏、处于产业增值链或分工体系中相对低端位置、产品增值速度慢、竞争优势不强等，这意味着我国制造业企业在创新能力、创造力度及生产模式等方面与国外企业仍有一定的差距。党的二十大报告指出，完善中国特色现代企业制度，弘扬企业家精神，加快建设世界一流企业。推进中国企业的国际化扩张，实现高水平的国际化发展，创建具有全球竞争力的世界一流企业，与经济高质量发展息息相关。

在数字经济快速发展大背景下，企业国际化扩张的驱动因素有哪些？数字新基建和发展数字金融能否有效推动当地企业的国际化扩张，塑造我国企业未来数字化竞争的新优势，成为一项亟待思考的现实问题。因此，本书将数字经济、研发创新与企业国际化扩张放在一个统一的框架中，并展开深入研究，在理论与实践上均具有重要意义。

本书首先梳理了国内外关于数字经济、研发创新与企业国际化扩张等方面的文献，分析了中国在数字经济发展、研发创新及企业国际化方面的特点和发展动向。然后以国际贸易理论中的企业异质性贸易理论、国际商务领域的制度基础观和资源基础观等理论为基础，进行理论分析，并提出研究假设。接着采用来自国泰安（CSMAR）数据库、毕威迪（BVD）数据库和万得（Wind）数据库的中国上市公司数据，以制造业上市公司为研究样本，重点分析研发创新和母国知识产权保护对制造业企业国际化扩张的驱动效应，然后选择新型数字基础设施建设和数

---

① 黄少安. 做好五篇大文章推动金融高质量发展 [N]. 光明日报, 2024 - 04 - 02. https：//news. gmw. cn/2024 - 02/02/content 37127083. html.

字金融两个方面，分别重点分析了新型数字基础设施建设和数字金融发展对当地制造业企业国际化扩张的影响、作用机制，在此基础上进一步分析了影响效果的异质性。本书的主要研究成果和结论如下。

7.1.1　研发创新对企业国际化扩张的驱动效应

第 4 章 4.1 节，以产品生命周期理论、新新贸易理论、资源基础观和制度经济学作为理论基础，以中国上市公司为主要研究对象，分别就研发创新对企业国际市场进入、国际市场退出和国际市场存续的驱动效应进行研究，在此基础上，探讨了地区知识产权保护和所有权这两个制度因素对驱动效应的调节作用，最后，从行业和地区差异的角度考察了研发创新对企业国际化扩张的驱动效应的异质性，研究发现：

（1）研发创新是企业国际化扩张的重要驱动因素。从市场进入视角来看，增强创新能力有助于推动企业进入国际市场，研发创新主要通过直接的需求扩张效应和间接的生产率促进效应来影响企业的国际市场进入；从市场退出视角来看，创新能力越强的企业从国际市场退出的概率更低；从市场存续视角来看，研发创新对企业进入国际市场后的存续具有积极作用，即企业进入国际市场后，初始创新能力越强的企业在国际市场上存活得更久。

（2）研发创新对企业国际市场进入的驱动效应会受到地区知识产权保护的正向调节作用，即企业所在地区的知识产权保护水平越高，增强创新能力对企业进入国际市场的驱动效应越强。

（3）研发创新对企业国际市场进入的驱动效应会受到所有权的正向调节作用影响，与非国有企业相比，增强国有企业创新能力对推动该企业进入国际市场的作用更大。

（4）从行业差异角度来看，无论是劳动密集型行业、资本密集型行业还是技术密集型行业，增强创新能力均有助于企业进入国际市场。而且在劳动密集型行业中，知识产权保护有助于增强创新能力对企业国际市场进入的积极作用，但在资本密集型行业和技术密集型行业中，知识产权保护的调节作用却不显著。

（5）创新对企业从国际市场中退出有显著负向影响，即创新能力越强的企业从国际市场退出的概率更低，而且创新对企业国际市场退出的影响也会因企业所在行业和地区的不同而有所差异。

（6）创新对企业进入国际市场后的存活具有积极作用，即企业进入国际市场后，初始创新能力越强的企业在国际市场上存活得更久。就长短期而言，初始创新能力对企业国际市场存活在短期而言作用更大，中长期而言，影响变得不再显著。

7.1.2　母国知识产权保护对企业国际化扩张的驱动效应

第 4 章 4.2 节，以国际商务领域的资源基础观、制度基础观为理论基础，以中国上市公司为主要研究对象，基于我国知识产权保护现状，构建各省份的知识产权保护综合性指数，实证考察母国不同地区间知识产权保护对新兴经济体企业国际化的影响、作用机制及所有制差异，研究发现：

（1）母国知识产权保护是企业国际化扩张的重要驱动因素。增强母国地区知识产权保护水平，有助于推动该地区企业进入国际市场，提高企业的国际化水平。

（2）知识产权保护主要通过创新渠道和融资机制影响企业的国际化进程和水平。

（3）母国不同地区间的知识产权保护对企业国际化扩张的驱动效应存在所有制异质性，地区知识产权保护对非国有企业国际化的影响有显著的促进作用，而对国有企业国际化的影响并不明显。

（4）母国不同地区间的知识产权保护对企业国际化扩张的驱动效应存在地区异质性，提高母国的知识产权保护水平，对东部地区企业的海外扩张有积极的推动作用，对中部地区企业的海外扩张存在一定的负面效应，但对西部企业的海外扩张无效。

7.1.3 数字新基建对企业国际化扩张的影响

推进数字基础设施建设不仅是中国抓住数字化发展的重要举措，也是推动中国经济高质量发展的关键。本书第 5 章，基于 2005～2020 年中国 2576 家制造业上市企业的面板数据，采用固定效应模型，评估新型数字基础设施建设对中国制造业企业国际化扩张的影响。研究发现：

（1）新型数字基础设施有效推动了中国制造业企业国际化扩张，在开展严格的识别假设条件和稳健性检验后，实证结果仍然是稳健的。

（2）从影响机制看，新型数字基础设施建设通过成本节约效应、创新激励效应和数字化效应推动制造业企业国际化扩张。

（3）新型数字基础设施建设对非国有企业、小规模企业以及东部地区制造业企业的国际化水平提升效应更为显著。

7.1.4 数字金融对企业国际化扩张的影响

近年来，以互联网、大数据、云计算、人工智能、区块链为代表的数字技术飞速发展，孕育出包括数字货币、数字支付、数字信贷、数字理财等产品在内的数字金融新业态，这为推进企业进行国际化扩张提供有利的资金基础。本书第 6 章以 2011～2022 年中国 2950 家制造业上市企业为研究对象，采用中国各城市数字普惠金融发展指数、中国 A 股上市公司国际化经营数据和上市公司的研发及财务数据，就数字金融对企业国际化扩张的影响效应进行理论分析和实证检验，并在此基础上根据企业所有权性质和是否获得专精特新认证就这种影响效应进行异质性分析，研究结论如下：

（1）数字金融总体发展水平、数字金融覆盖广度和数字金融覆盖深度均显著促进了中国制造业企业的国际化扩张。

（2）数字金融对企业国际化扩张的影响存在所有制异质性，与国有企业相比，数字金融发展更大程度上促进了中国非国有企业的国际化扩张。

（3）数字金融对企业国际化扩张的影响还会因企业是否属于专精特新企业而有所不同。与专精特新企业相比，数字金融发展对中国非专精特新企业的国际化扩张效应更强。

综上所述，在数字经济背景下，发展数字金融有助于缓解企业面临的融资约束，对于拉动企业国际化水平跃升，推动企业国际化扩张具有重要促进作用。

7.2　政策建议与启示

党的二十大报告指出，完善中国特色现代企业制度，弘扬企业家精神，加快建设世界一流企业。推进中国企业的国际化扩张，实现高水平的国际化发展，创建具有全球竞争力的世界一流企业，是当前推进投资高质量发展、深化高水平对外开放的重要任务之一。随着互联网、大数据、云计算、人工智能、区块链为代表的数字技术飞速发展，数字技术和实体经济日益深度融合，加快发展与数字经济相适应的数字新基建和数字金融，成为中国抓住数字化发展机遇、建设世界一流企业、推动经济社会高质量发展的必然要求。但在实践中，我国在推动新型数字基础设施建设，发展数字金融和推进企业高质量"走出去"等方面还面临着一些困难和挑战，需要政府、行业协会和企业从多个方面通力合作，共同推进。

7.2.1　加强数字新基建规划和建设，优化数字新基建结构和布局

政府应将数字新基建作为国家基础设施建设的重点工作，加强数字

新基建规划和建设，引导和鼓励行业协会、企业等市场主体广泛参与，打造政府与市场协同建设的新模式。同时，还应根据国家和地方的发展战略和需求，优化数字新基建的结构和布局，提高数字新基建的使用效率和经济效益，夯实制造业企业数字化和国际化扩张的基础。

当前我国东部、中部和西部地区数字新基建发展存在明显的地区差异，特别是中西部地区受地理位置、资源禀赋、战略导向、产业政策等影响，新型数字基础设施建设发展相对不足和滞后，在依托新一轮新型基础设施建设的战略机遇赋能企业国际化扩张的效果受到制约，不利于区域开放型经济的均衡发展。因此，未来应加强和完善中西部地区新型数字基础设施建设，注重新型数字基础设施建设过程中的区域协调，不断优化数字新基建布局，推动数字新基建均衡化发展。鼓励中西部地区各地方政府结合当地的区域特色和产业发展优势，有针对性地推进5G、大数据中心、人工智能等新基建在不同领域的多样化应用，加快其与产业应用场景的深度融合，充分利用新型数字基础设施建设发展新契机，发挥新型数字基础设施建设对企业国际化扩张的积极作用，不断缩小地区差异，推动区域开放型经济协调发展。

此外，还应加强对数字新基建的监测评估和改进优化，提高数字新基建的使用效果和经济效益。建立全国统一的新型数字基础设施监测评估平台，实现对5G网络覆盖率、数据中心运行状况、人工智能应用水平等指标的实时监测和定期评估，及时掌握新型数字基础设施的使用情况和效果，并建立有效的反馈机制和激励机制，根据监测评估结果及时调整数字新基建的投资方向，优化数字新基建的性能和服务，提高新型数字基础设施的使用效率和经济效益。

7.2.2　深化数字金融发展，为培养世界一流企业提供资金支撑

加快数字技术与金融的深度融合，深化数字金融等新型融资方式，提高数字金融发展水平。《数字中国建设整体布局规划》中强调，发挥

国家产融合作平台等作用，引导金融资源支持数字化发展。推动数字金融由"普惠、融合、低价"向"赋能、创新、高效"转型，不断提升大数据、云计算、人工智能、区块链等新一代信息技术对实体经济的创新赋能作用。

首先，政府部门应鼓励数字金融新业态发展，不断完善与数字金融相关法律法规，加强数字金融监管体系与监督评估机制，加快研发基于数字技术的监管工具和监管平台，对大模型算法、应用场景等加强监控和防范，确保数字金融发展服务实体经济，实现数字金融和制造业协同发展，通过数字金融缓解企业资金压力，支撑企业研发新技术、更新先进设备，助力制造业企业国际化扩张，推动建设世界一流企业群体。

其次，注重东部和中西部地区数字金融协同发展。充分发挥东部先发地区数字金融发展的引领带动作用，例如，上海、杭州等作为中国数字金融发展先行地区，应充分利用自身金融科技优势，推进现代金融服务产品创新，更好服务制造业企业融资发展需求，推进数字金融双向开放。依托"东数西算工程"等相关政策提升中西部地区新型数字基础设施建设水平，优化区域层面数字金融发展的覆盖面。

再次，加快数字金融相关人才建设，注重尖端人才的持续补充和储备。作为新兴金融业态，数字金融的发展离不开尖端人才的持续补充和智力支持。今后，我国应紧盯人工智能、云计算等前沿数字技术发展趋势，完善数字金融人才培养体系，在高校和科研院所建设数字技术与金融的交叉学科，打造产学研结合的数字金融一体化课程，为培养数字金融复合型人才提供资源支持。另外，我国还应引导和推动金融从业人员及时掌握数字知识和技能，优化企业人力资本结构，推动数字金融产业的良性可持续健康发展，为推动企业国际化扩张，构建世界一流企业群体提供支撑。

最后，政府部门应该出台数字金融合规发展的规章制度，推动数字金融发展，为培养世界一流企业提供制度支撑。数字金融属于新兴金融业态，由于缺乏跟进式的法律规制，数字金融产业出现网络信贷诈骗、

P2P 网贷平台集体爆雷等事件，极大制约了数字金融产业的可持续健康发展。因此，相关政府部门应该颁布数字金融产业发展规范化的法律法规文件，严厉打击扰乱市场良性竞争的违规数字团体，避免违规事件发生，推动数字金融长久合规发展，进而发挥数字金融对企业国际化扩张的积极效应。

7.2.3 提高知识产权执法效率，树立保护知识产权的大国形象

首先，应扩大知识产权保护的激励措施，细化知识产权相关法律实施的配套措施，着力提高地区的知识产权执法效率和水平。母国的制度是企业国际化背后的重要来源，而知识产权则是影响企业国际化扩张的一项重要的制度安排。前文的实证结果表明，母国地区知识产权保护水平越高，当地企业的国际化参与程度也越高。所以，为了推动开放性经济的构建和持续发展，建议地方政府创新执法监管方式，加大对知识产权侵权行为的监管力度，营造良好的产权保护环境，通过地区知识产权保护软环境的改善，提升当地企业的绩效水平，进而促进当地企业的出口或对外直接投资，全面提高企业的国际化水平，推动当地开放型经济的新发展。

其次，我国应注重知识产权保护制度的设计，并且要考虑到国有企业和非国有企业之间的差异。前文的实证结果表明，母国地区知识产权保护水平的提高对非国有企业的海外扩张有积极的推动作用，但对国有企业国际化的影响并不明显。即非国有企业更依赖所在地区的知识产权保护。因此，政府除了通过税收政策、研发补贴等传统方法来鼓励和支持企业的研发创新活动外，还应当关注民营企业创新活动的特殊性，制定更为有效的措施来鼓励和支持民营企业的创新发展，激发民营企业的研发热情和意愿。考虑到民营企业在资金方面的约束，政府可以为民营企业提供更多的融资渠道和优惠政策，解决民营企业在研发创新和国际化进程中的融资难问题。前文的实证研究还发现：与非国有企业相比，

增强国有企业创新能力对推动其进入国际市场的作用更大。因此，为推动国有企业进入国际市场，应更多地关注并采取措施增强国有企业的创新能力。

最后，我国还应积极参与国际知识产权合作与交流，树立起保护知识产权的大国形象。伴随国际知识产权新规则的推进以及经济全球化的深入发展，知识产权保护对一国开放型经济发展的作用日益突出，但是发达国家在国际知识产权领域始终处于主导地位，因此，我国除了完善国内的知识产权相关法律法规，提高地区知识产权执法效率外，还应积极参与国际知识产权领域的谈判与磋商，树立起保护知识产权的大国形象，不断提高自身在知识产权领域的国际影响力，维护我国企业在国际化活动中的合法权益。

7.2.4 加快制造业技术创新突破，强化国际化扩张的创新发展支撑

习近平总书记强调，把高质量发展的要求贯穿新型工业化全过程，把建设制造强国同发展数字经济、产业信息化等有机结合，为中国式现代化构筑强大物质技术基础。① 随着制造业数字化、智能化转型的加快推进，我国制造业形成独特的规模优势、市场优势和体制优势，制造业的韧性更强、潜力更大。然而，与世界制造强国相比，我国制造业在创新效能方面仍有一定差距，需要加力提升。前文研究表明，研发创新是制造业企业进行国际化扩张的重要驱动因素。因此，应加快实施创新驱动发展战略，充分发挥创新效能对制造业国际化扩张的支撑和促进作用。

首先，以制造业创新能力提升为牵引，明确企业在创新创造中的主体作用，加大制造业核心技术的研发投入，提高制造业研发强度和效

---

① 周楚卿. 习近平就推进新型工业化作出重要指示 [N]. 新华网，2023 – 09 – 23. https：//www. moi. gov. cn/pub/sfbgw/gwxw/ttxw/202309/t20230923 486773. html.

率。同时应充分发挥国企、民企、外资企业和高校科研院所的作用，深化产学研协同创新，提升制造业研发创新能力、先进生产制造能力、高端产业发展能力和国际开放合作能力，以高水平科技自立自强推进新型工业化。

其次，完善制造业创新体系，强化政策引导，提高创新机制和政策设计的精准性，加大对制造业企业研发投入的补贴力度，为制造业企业创新提供可靠的制度保障。要聚焦我国制造业发展的薄弱环节，优化创新机制，整合各类创新资源，开展关键共性技术攻关，摆脱关键技术的对外依赖，加快打通技术开发、转移扩散到商业化应用的创新链条。特别是在当前数字经济背景下，要注重拓宽数字技术的应用空间，加快创新成果的孵化和产业化应用，优化需求引导创新的自主创新内生机制，通过创新效能的提高，增强中国制造业的国际竞争力，推动建设世界一流企业群。

再次，加快数字赋能，利用数字技术提升制造业创新效率。各地政府应结合自身区位特点和产业优势，加快数字硬件设施和数字软件服务与制造技术的融合发展，加强在研发创新、产品设计、制造工艺等方面的数字化建设，推动数字经济与实体经济的深度融合。另外，制造业企业也应充分认识和把握数字化转型的机遇，积极利用数字技术加强管理创新，优化业务流程，提高企业的创新效率和竞争力，推动中国制造业企业高质量"走出去"。

最后，完善高精尖人才培养机制，为制造业高质量创新提供人才支撑。人才是数字经济背景下制造业实现高质量创新和高水平"走出去"不可或缺的要素。然而，我国对于熟练掌握数字技术的新型专业人才还比较缺乏。今后我国应加大数字技能人才的培养力度，不断完善高精尖人才培养机制，增强技术技能人才的数字化核心能力，形成一批熟悉大数据、人工智能和云计算等核心技术的素质高、结构优的数字技能人才队伍，不断强化制造业人才培养与企业实际需求相结合，精准实现专业人才的供需对接，发挥人才对于制造业高质量创新和高水平"走出去"

的支撑作用。

此外，企业管理者为了使企业顺利进入国际市场，不仅要注意增强内部创新能力，还应适应外部的知识产权保护环境，结合自身的所有权情况作出合理的决策。特别是，为了进入国际市场并在国际市场存活，经营者不仅仅要开发并增强自身的创新能力，还应当关注创新资源和制度因素的相互关系，使创新资源与企业外部的知识产权保护环境及内部的所有权情况相匹配。不仅如此，创新主要是市场行为，但政府活动也在一定程度上弥补了研发中的外部性问题，由于政府和市场关注的利益和风险偏好的差异，在推动实施创新驱动发展战略进程中，二者可能存在一定的冲突，因此，还需妥善处理好政府与市场的关系。

7.3　研究展望

本书结合当前数字经济快速发展新形势，深入探讨了中国制造业企业的国际化扩张的驱动因素，然后选择新型数字基础设施建设和数字金融，考察其对中国制造业企业国际化扩张的影响，最后提出推进中国企业国际化扩张、实现高水平国际化发展的政策建议。本书的研究对创建具有全球竞争力的世界一流企业具有一定的启示和借鉴意义。然而，鉴于数据可得性和研究关注点的限制，本书还有一些问题可以在未来研究中进行探讨和拓展分析。

第一，未来可探讨数字经济下产生的各种风险对制造业企业国际化扩张的影响。目前本书主要结合新型数字基础设施建设和数字金融发展，探讨其对制造业企业国际化扩张的影响，忽视数字经济发展进程中可能存在的数字金融风险、网络信息安全等新型问题对制造业企业国际化扩张的影响，未来在数据可得时，可以从风险和安全的角度，探讨伴随数字经济发展而产生的各项风险对制造业企业国际化扩张的影响及传导机制。

第二，企业国际化扩张涉及的东道国市场的制度、技术、文化和人力资本等方面的异质性，这些会影响企业在国际市场的资源获取水平和组织学习能力，对企业国际扩张的深度、广度和速度产生重要影响，因此，未来可以从东道国的技术、文化、人力资本方面进行考察，并从我国与东道国的制度差异、人力资本差距等方面深入分析对我国企业国际化扩张的影响。

第三，考察母国知识产权保护和研发创新对企业国际化模式决策的影响。企业国际化不仅包括出口还包括对外投资。未来可以将出口和对外投资两种国际化模式综合到一个框架中来，考察母国的知识产权保护和研发创新对企业选择出口还是对外投资的国际化模式决策的影响。

第四，本书主要是以制造业上市企业为样本展开实证研究，样本数据受到一定的限制，特别是没有将中小企业考虑在内，未来在数据可得时，可就数字经济下新型数字基础设施建设和数字金融对中小企业国际化扩张的影响效应进行深入研究，并与本书的研究进行对比分析，考察上述研究问题在中小企业和上市公司之间是否存在差异。

第五，本书对国际化扩张的研究主要从国际化深度进行考虑，而国际化扩张不仅包括国际化深度，还包括国际化广度、国际化速度、国际化节奏等。未来在数据可得时，可以从国际化广度、国际化速度、国际化节奏等方面，考察数字经济发展对制造业企业国际化扩张的影响效应及传导机制。

参 考 文 献

［1］艾华，冀晓曼．数字金融发展与企业劳动收入份额［J］．北京工商大学学报（社会科学版），2023，38（6）：47-60.

［2］鲍宗客．创新活动会抑制企业的生存风险吗——基于静态和动态的双重维度检验［J］．经济学家，2016（2）：42-49.

［3］钞小静，薛志欣，孙艺鸣．新型数字基础设施如何影响对外贸易升级：来自中国地级及以上城市的经验证据［J］．经济科学，2020（3）：46-59.

［4］钞小静，廉园梅，罗鎏锴．新型数字基础设施对制造业高质量发展的影响［J］．财贸研究，2021，32（10）：1-13.

［5］陈斌开，林毅夫．金融抑制、产业结构与收入分配［J］．世界经济，2012，35（1）：3-23.

［6］陈凤兰，武力超，戴翔．制造业数字化转型与出口贸易优化［J］．国际贸易问题，2022（12）：70-89.

［7］陈凌，王昊．家族涉入、政治联系与制度环境——以中国民营企业为例［J］．管理世界，2013（10）：130-141.

［8］陈勇兵，李燕，周世民．中国企业出口持续时间及其决定因素［J］．经济研究，2012，47（7）：48-61.

［9］杜明威，耿景珠，刘文革．企业数字化转型与中国出口产品质量升级：来自上市公司的微观证据［J］．国际贸易问题，2022（6）：55-72.

［10］戴翔，马皓巍．新型数字基础设施如何影响中国制造业GVC

参与？［J］. 贵州财经大学学报，2024（1）：31－40.

［11］邓聪. 中国工程院院士张平："数字基建"是新时代增强综合国力的必经之路［N］. 人民邮电，2020－04－28（00）.

［12］范兆斌，张柳青. 中国普惠金融发展对贸易边际及结构的影响［J］. 数量经济技术经济研究，2017，34（9）：57－74.

［13］房帅，田珺，程睿智. 外国直接投资、比较优势与发展中国家产品出口持续时间［J］. 世界经济研究，2020（7）：120－134＋137.

［14］郭峰，王靖一，王芳，等. 测度中国数字普惠金融发展：指数编制与空间特征［J］. 经济学（季刊），2020，19（4）：1401－1418.

［15］郭峰，熊云军. 中国数字普惠金融的测度及其影响研究：一个文献综述［J］. 金融评论，2021，13（6）：12－23＋117－118.

［16］郭凯明，潘珊，颜色. 新型基础设施投资与转型升级［J］. 中国工业经济，2020（3）：63－80.

［17］何玉梅，赵欣灏. 新型数字基础设施能够推动产业结构升级吗——来自中国272个地级市的经验证据［J］. 科技进步与对策，2021（17）：79－86.

［18］何宗樾，宋旭光. 数字金融发展如何影响居民消费［J］. 财贸经济，2020，41（8）：65－79.

［19］洪俊杰，黄薇，张蕙，等. 中国企业走出去的理论解读［J］. 国际经济评论，2012（4）：121－134＋8.

［20］洪俊杰，蒋慕超，张宸妍. 数字化转型、创新与企业出口质量提升［J］. 国际贸易问题，2022（3）：1－15.

［21］黄浩. 数字金融生态系统的形成与挑战——来自中国的经验［J］. 经济学家，2018，18（4）：80－85.

［22］黄舍予. 中国信通院院长刘多："数字基建"在"新基建"中发挥核心作用［N］. 人民邮电，2020－04－22（001）.

［23］黄益平，黄卓. 中国的数字金融发展：现在与未来［J］. 经济学（季刊），2018，17（4）：1489－1502.

[24] 黄先海，胡馨月，陈航宇. 知识产权保护、创新模式选择与我国贸易扩展边际 [J]. 国际贸易问题，2016 (9)：110 - 120.

[25] 霍春辉，吕梦晓，张银丹. 数字新基建对国内价值链循环的影响研究 [J]. 当代财经，2023 (2)：120 - 131.

[26] 蒋冠宏，曾靓. 融资约束与中国企业对外直接投资模式：跨国并购还是绿地投资 [J]. 财贸经济，2020，41 (2)：132 - 145.

[27] 蒋灵多，刘双双. 数字普惠金融与中国进口扩张 [J]. 世界经济文汇，2023 (6)：1 - 19.

[28] 姜松，周鑫悦. 数字普惠金融对经济高质量发展的影响研究 [J]. 金融论坛，2021，26 (8)：39 - 49.

[29] 姜卫民，范金，张晓兰. 中国"新基建"：投资乘数及其效应研究 [J]. 南京社会科学，2020 (4)：20 - 31.

[30] 江小涓，靳景. 数字技术提升经济效率：服务分工、产业协同和数实孪生 [J]. 管理世界，2022，38 (12)：9 - 26.

[31] 金祥义，张文菲，施炳展. 绿色金融促进了中国出口贸易发展吗？ [J]. 金融研究，2022 (5)：38 - 56.

[32] 金祥义，张文菲. 数字金融发展能够促进企业出口国内附加值提升吗 [J]. 国际贸易问题，2022 (3)：16 - 34.

[33] 金祥义，张文菲. 数字金融发展促进了中国企业出口吗？——理论机制和中国证据 [J]. 南开经济研究，2022 (4)：81 - 99.

[34] 焦瑾璞. 移动支付推动普惠金融发展的应用分析与政策建议 [J]. 中国流通经济，2014，28 (7)：7 - 10.

[35] 李光勤，李潇格. 政府数字化与中国对外直接投资的区位选择 [J]. 国际商务（对外经济贸易大学学报），2023 (1)：72 - 87.

[36] 李海刚. 数字新基建、空间溢出与经济高质量发展 [J]. 经济问题探索，2022 (6)：28 - 39.

[37] 李林，张柏林，何建洪. 基于东道国因素的我国企业国际化研发网络节点选择 [J]. 世界地理研究，2019，28 (6)：11 - 21.

[38] 李牧辰，封思贤，谢星. 数字普惠金融对城乡收入差距的异质性影响研究 [J]. 南京农业大学学报（社会科学版），2020，20（3）：132 – 145.

　　[39] 李三希，黄卓. 数字经济与高质量发展：机制与证据 [J]. 经济学（季刊），2022，22（5）：1699 – 1716.

　　[40] 李斯林，余红心，武文博，等. 数字基础设施对产业升级的影响机制研究 [J]. 科技进步与对策，2023（12）：99 – 107.

　　[41] 李晓华. 面向智慧社会的"新基建"及其政策取向 [J]. 改革，2020（5）：34 – 48.

　　[42] 刘长庚，李琪辉，张松彪，等. 金融科技如何影响企业创新？——来自中国上市公司的证据 [J]. 经济评论，2022（1）：30 – 47.

　　[43] 刘佳鑫，李莎. 双循环"背景下数字金融发展与区域创新水平提升 [J]. 经济问题，2021（6）：24 – 32.

　　[44] 陆凤芝，王群勇，李仲武. 数字金融促进了中国绿色高质量发展吗？[J]. 中国人口·资源与环境，2023，33（11）：142 – 151.

　　[45] 毛其淋，盛斌. 贸易自由化、企业异质性与出口动态——来自中国微观企业数据的证据 [J]. 管理世界，2013（3）：48 – 65 + 68 + 66 – 67.

　　[46] 孟夏，董文婷. 企业数字化转型与出口竞争力提升——来自中国上市公司的证据 [J]. 国际贸易问题，2022（10）：73 – 89.

　　[47] 潘越，潘健平，戴亦一. 公司诉讼风险、司法地方保护主义与企业创新 [J]. 经济研究，2015，50（3）：131 – 145.

　　[48] 沈和斌、邓富华. 数字基础设施建设对出口产业升级的影响研究 [J]. 中国软科学，2023（12）：59 – 69.

　　[49] 宋晓玲. 数字普惠金融缩小城乡收入差距的实证检验 [J]. 财经科学，2017（6）：14 – 25.

　　[50] 唐嘉励，唐清泉. 我国企业 R&D 投入与 R&D 资源获取的摩擦

力——基于问卷调查的研究 [J]. 当代经济管理, 2010, 32 (7): 20 - 27.

[51] 唐松, 伍旭川, 祝佳. 数字金融与企业技术创新——结构特征、机制识别与金融监管下的效应差异 [J]. 管理世界, 2020, 36 (5): 52 - 66 + 9.

[52] 万佳彧, 周勤, 肖义. 数字金融、融资约束与企业创新 [J]. 经济评论, 2020 (1): 71 - 83.

[53] 王帅, 周明生. 信息基础设施建设、产业集聚与经济增长——基于中介效应模型的实证分析 [J]. 上海经济, 2018 (5): 5 - 18.

[54] 王明益, 石丽静. 政府干预影响中国制造业企业市场退出的路径分析 [J]. 经济学动态, 2018 (6): 44 - 60.

[55] 王炜, 张豪. 信息基础设施与区域经济增长——来自中国252 个地市级的经验证据 [J]. 华东经济管理, 2018 (7): 75 - 80.

[56] 王益民, 梁枢, 赵志彬. 国际化速度前沿研究述评: 基于全过程视角的理论模型构建 [J]. 外国经济与管理, 2017, 39 (9): 98 - 112.

[57] 武娜, 刘晶. 知识产权保护影响了中国对外直接投资吗 [J]. 世界经济研究, 2013 (10): 69 - 74.

[58] 魏昀妍, 龚星宇, 柳春. 数字化转型能否提升企业出口韧性 [J]. 国际贸易问题, 2022 (10): 56 - 72.

[59] 邬爱其, 刘一蕙, 宋迪. 跨境数字平台参与、国际化增值行为与企业国际竞争优势 [J]. 管理世界, 2021, 37 (9): 214 - 233.

[60] 伍先福, 钟鹏, 黄骁. "新基建" 提升了战略性新兴产业的技术效率吗 [J]. 财经科学, 2020 (11): 65 - 80.

[61] 项圆心. 数字金融、消费提质扩容与经济高质量发展 [J]. 统计与决策, 2023, 39 (18): 144 - 148.

[62] 熊家财, 刘充, 章卫东. 数字金融发展与劳动收入份额提升——来自上市公司的经验证据 [J]. 经济评论, 2022 (6): 100 - 113.

[63] 谢绚丽，沈艳，张皓星等．数字金融能促进创业吗？——来自中国的证据 [J]．经济学（季刊），2018，17（4）：1557－1580．

[64] 许家云．数字普惠金融如何影响企业进口增量提质 [J]．国际贸易问题，2022（10）：1－18．

[65] 徐伟呈，刘海瑞，范爱军．数字金融如何驱动高质量经济增长？——基于技术、资本和劳动力的三重内驱机制 [J]．投资研究，2022，41（4）：113－133．

[66] 徐伟呈，周田，郑雪梅．数字经济如何赋能产业结构优化升级——基于 ICT 对三大产业全要素生产率贡献的视角 [J]．中国软科学，2022（9）：27－38．

[67] 叶宁华，包群，张伯伟．进入、退出与中国企业出口的动态序贯决策 [J]．世界经济，2015，38（2）：86－111．

[68] 叶宁华，张伯伟．地方保护、所有制差异与企业市场扩张选择 [J]．世界经济，2017，40（6）：98－119．

[69] 易靖韬，王悦昊．数字化转型对企业出口的影响研究 [J]．中国软科学，2021（3）：94－104．

[70] 易行健，周利．数字普惠金融发展是否显著影响了居民消费——来自中国家庭的微观证据 [J]．金融研究，2018（11）：47－67．

[71] 阴琰．新基建：经济发展的重要引擎 [J]．人民论坛，2020（30）：74－75．

[72] 余萍，徐之琦．数字新基建对战略性新兴产业绿色技术创新效率的影响 [J]．工业技术经济，2023，42（1）：62－70．

[73] 袁航，朱承亮．数字基础设施建设加速中国产业结构转型升级了吗：基于"宽带中国"战略的准自然实验 [J]．经济问题探索，2022（10）：118－133．

[74] 张铭心，汪亚楠，郑乐凯等．数字金融的发展对企业出口产品质量的影响研究 [J]．财贸研究，2021，32（6）：12－27．

[75] 张勋，万广华，张佳佳等．数字经济、普惠金融与包容性增

长［J］. 经济研究，2019，54（8）：71－86.

［76］张高明，边亚静，石可敬等. 数字金融促进经济高质量发展效应与机制研究——基于双创驱动视角［J］. 经济问题，2024（3）：69－75.

［77］郑金辉，陈海娜，徐维祥等. 数字金融、创新创业效应与区域经济增长——基于规模与质量视角的分析［J］. 统计与决策，2024，40（3）：145－150.

［78］周之瀚. 数字金融与货币政策传导效应［J］. 湘潭大学学报（哲学社会科学版），2022，46（3）：85－93.

［79］诸竹君，袁逸铭，许明等. 数字金融、路径突破与制造业高质量创新——兼论金融服务实体经济的创新驱动路径［J］. 数量经济技术经济研究，2024（2）：1－17.

［80］Adomako S，Amankwah－Amoah J，Tarba S Y，et al. Perceived corruption，business process digitization，and SMEs' degree of internationalization in sub－Saharan Africa［J］. Journal of Business Research，2021，123（2）：196－207.

［81］Anand S K，Chhikara K S. A Theoretical and Quantitative Analysis of Financial Inclusion and Economic Growth［J］. Management and Labour Studies，2013，38（1－2）：103－133.

［82］Ang J S，Wu C，Cheng Y. Does Enforcement of Intellectual Property Rights Matter in China? Evidence from Financing and Investment Choices in the High－Tech Industry［J］. Review of Economics and Statistics，2014，96（2）：332－348.

［83］Alvarez R，Robertson R. Exposure to foreign markets and plant-level innovation：evidence from Chile and Mexico［J］. Journal of International Trade & Economic Development，2004，13（1）：57－87.

［84］Annale Hervé，Schmitt C，Baldegger R. Internationalization and Digitalization：Applying digital technologies to the internationalization process of small and medium-sized enterprises [J]. Technology Innovation Management Review, 2020, 10 (7): 28 –40.

[85] Argyres N, Bigelow L. Does Transaction Misalignment Matter for Firm Survival at All Stages of the Industry Life Cycle? [J]. Management Science, 2007, 53 (8): 1332 –1344.

[86] Banna H. The Role of Digital Financial Inclusion on Promoting Sustainable Economic Growth through Banking Stability: Evidence from Bangladesh [J]. Development Review, 2020, 29 (8): 19 –36.

[87] Baron D P. Integrated Strategy: Market and Nonmarket Components [J]. California Management Review, 1995, 37 (2): 47 –65.

[88] Basile R. Export Behavior of Italian Manufacturing Firms Over the Nineties: The Role of Innovation [J]. Research Policy, 2001, 30 (8): 1185 –1201.

[89] Bayus B L, Agarwal R. The Role of Pre – Entry Experience, Entry Timing, and Product Technology Strategies in Explaining Firm Survival [J]. Management Science, 2007, 53 (12): 1887 –1902.

[90] Becker S O, Egger P. Endogenous Product versus Process Innovation and a Firm's Propensity to Export [J]. Empirical Economics, 2013, 44 (1): 329 –354.

[91] Beck T, Pamuk H, Ramrattan R, et al. Payment Instruments, Finance and Development [J]. Journal of Development Economics, 2018, 133 (7): 162 –186.

[92] Bernard A B, Jensen J B. Exporting and Productivity in the USA [J]. Oxford Review of Economic Policy, 2004, 20 (3): 343 –357.

[93] Besedes T, Prusa T J. Ins, Outs, and the Duration of Trade [J]. Canadian Journal of Economics, 2006, 39 (1): 266 –295.

[94] Branstetter L G, Drev M, Kwon N. Get with the Program: Software – Driven Innovation in Traditional Manufacturing [J]. Social Science

Electronic Publishing, 2018 (2).

[95] Buch C M, Kesternich I, Lipponer A, et al. Financial Constraints and the Margins of FDI [J]. Law Discussion Papers, 2009, 150 (2): 393 – 420.

[96] Buckley P J, Clegg J, Cross A, et al. The Determinants of Chinese Outward Foreign Direct Investment [J]. Journal of International Business Studies, 2007 (38): 499 – 518.

[97] Capron L, Chatain O. Competitors' Resource – Oriented Strategies: Acting on Competitors' Resources through Interventions in Factor Markets and Political Markets [J]. Academy of Management Review, 2008, 33 (1): 97 – 121.

[98] Cassetta E, Monarca U, Dileo I et al. The relationship between digital technol internationalisation: Evidence from Italian SMEs [J]. Industry and Innovation, 2020, 27 (4).

[99] Cassiman B U, Martínez, Ester JLA. Product innovation and exports: Evidence from Spanish manufacturing [R]. IESE Working Paper, 2007.

[100] Cefis E, Marsili O. Survivor: The Role of Innovation in Firms' Survival [J]. Research Policy, 2006, 35 (5): 626 – 641.

[101] Cefis E, Marsili O. A Matter of Life and Death: Innovation and Firm Survival [J]. Industrial & Corporate Change, 2005, 14 (6): 1167 – 1192.

[102] Chen X, Wu J. Do Different Guanxi Types Affect Capability Building Differently? A Contingency View [J]. Industrial Marketing Management, 2011, 40 (4): 581 – 592.

[103] Chen V Z, Li J, Shapiro D M. Subnational institutions and outward FDI by Chinese firms [J]. Multinational Business Review, 2015, 23 (4): 254 – 276.

[104] Chen S Q, Zhang H. Does Digital Finance Promote Manufacturing Servitization: Micro Evidence from China [J]. International Review of Economics & Finance, 2021, 76: 856 – 869.

[105] Cheng C, Zhong H, Cao L. Facilitating speed of internationalization: The roles of business intelligence and organizational agility [J]. Journal of Business Research, 2020 (110): 95 – 103.

[106] Contractor F J. Is International Business Good for Companies? The Evolutionary or Multistage Theory of Internationalization vs. The Transaction Cost Perspective [J]. Management International Review, 2007, 47 (3): 453 – 475.

[107] Desbordes R, Wei S J. The Effects of Financial Development on Foreign Direct Investment [J]. Journal of Development Economics, 2017, 127: 153 – 168.

[108] Ding N, Gu L, Peng Y. Fintech, Financial Constraints and Innovation: Evidence from China [J]. Journal of Corporate Finance, 2022, 73 (4): 102 – 194.

[109] Ellis P D. Distance, dependence and diversity of markets: effects on market orientation [J]. Journal of International Business Studies, 2007, 38 (3): 374 – 386.

[110] Fernandes A M, Paunov C. The Risks of Innovation: Are Innovating Firms Less Likely to Die [J]. Review of Economics & Statistics, 2015, 97 (3): 638 – 653.

[111] Fiss P C. Building Better Causal Theories: A Fuzzy Set Approach to Typologies in Organization Research [J]. Academy of Management Journal, 2011, 54 (2): 393 – 420.

[112] Fontana R, Nesta L. Product Innovation and Survival in A High-tech Industry [J]. Review of Industrial Organization, 2009, 34 (4): 287 – 306.

［113］ Gao G Y, Murray J Y, Kotabe M, Lu J. A "Strategy Tripod" Perspective on Export Behaviors: Evidence from Domestic and Foreign Firms Based in An Emerging Economy ［J］. Journal of International Business Studies, 2010, 41 (3): 377 – 396.

［114］ Giannetti M, Liao G, Yu X. The Brain Gain of Corporate Boards: Evidence from China ［J］. Journal of Finance, 2015, 70 (4): 1629 – 1682.

［115］ Giovannetti G, Ricchiuti G, Velucchi M. Size, Innovation and Internationalization: A Survival Analysis of Italian Firms ［J］. Applied Economics, 2011, 43 (12): 1511 – 1520.

［116］ Hall B H. The Relationship Between Firm Size and Firm Growth in the U. S. Manufacturing Sector ［J］. Journal of Industrial Economics, 1987, 35 (4): 583 – 606.

［117］ Helpman E, Melitz M J, Yeaple S R. Export versus FDI with Heterogeneous Firms ［J］. American Economic Review, 2004, 94 (1): 300 – 316.

［118］ Helpman E. A Simple Theory of Trade with Multinational Corporations ［J］. Journal of Political Economy, 1984, 92 (3): 451 – 471.

［119］ Helpman E. Foreign Trade and Investment: Firm-level Perspectives ［J］. Economica, 2014, 81 (321): 1 – 14.

［120］ Hitt M A, Ahlstrom D, Dacin M T, Levitas E, Svobodina L. The Institutional Effects on Strategic Alliance Partner Selection in Transition Economies: China vs. Russia ［J］. Organization Science, 2004, 15 (2): 173 – 185.

［121］ Hitt M A, Hoskisson R E, Kim H. International Diversification: Effects of Innovation and Firm Performance in Product Diversified Firms ［J］. Academy of Management Journal, 1997, 40 (4): 767 – 798.

［122］ Hoskisson R E, Wright M, FilatotchevI, Peng M W. Emerging

Multinationals from Mid – Range Economies: The Influence of Institutions and Factor Markets [J]. Journal of Management Studies, 2013, 50 (7): 1295 – 1321.

[123] Hymer S. The International Operations of National Firms: A Study of Direct Foreign Investment [M]. Cambridge: MIT Press, 1976.

[124] Ilmakunnas P, Nurmi S. Dynamics of Export Market Entry and Exit [J]. Scandinavian Journal of Economics, 2010, 112 (1): 101 – 126.

[125] Johanson J, Vahlne J E. The Internationalization Process of the Firms: A Model of Knowledge Development and Increasing Market Commitment [J]. Journal of International Business Studies, 1977, 8 (2): 23 – 32.

[126] Johanson J, Vahlne J E. The Uppsala Internationalization Process Model Revisited: From Liability of Foreignness to Liability of Outsider-ship [J]. Journal of International Business Studies, 2009, 40 (9): 1411 – 1431.

[127] Karlsson C, Nystrom K. Exit and Entry Over the Product Life Cycle: Evidence from the Swedish Manufacturing Industry [J]. Small Business Economics, 2003, 21 (2): 135 – 144.

[128] Kafouros M I, Buckley P J. Under what conditions do firms benefit from the research efforts of other organizations? [J]. Research Policy, 2008, 37 (2): 225 – 239.

[129] Khoury T A, Peng M W. Does Institutional Reform of Intellectual Property Rights Lead to More Inbound FDI? Evidence from Latin America and the Caribbean [J]. Journal of World Business, 2011, 46 (3): 337 – 345.

[130] Kotabe M, Srinivasan S S, Aulakh P S. Multi-nationality and Firm Performance: The Moderating Role of R&D and Marketing Capabilities [J]. Journal of International Business Studies, 2002, 33 (1): 79 – 97.

[131] Lian L, Chen C. Financial Development, Ownership and Internationalization of Firms: Evidence from China [J]. China Finance Review

International, 2017, 7 (3): 343 – 369.

[132] Lambe C J. Alliances, External Technology Acquisition, and Discontinuous Technological Change [J]. Journal of Product Innovation Management, 1997, 14 (2): 102 – 116.

[133] Lee Y, Falahat M, Sia B K. Impact of digitalization on the speed of internationalization [J]. International Business Research, 2019, 12 (4).

[134] Li S, Hou Y, Liu Y A, Chen B. The Analysis on Survey of Local Protection in China Domestic Market [J]. Economic Research Journal, 2004, 11: 78 – 85.

[135] Lu J, Liu X, Wang H. Motives for Outward FDI of Chinese Private Firms: Firm Resources, Industry Dynamics, and Government Policies [J]. Management and Organization Review, 2011, 7 (2): 223 – 248.

[136] Lu J, Xu B, Liu X. The Effects of Corporate Governance and Institutional Environments on Export Behaviour in Emerging Economies Evidence from China [J]. Management International Review, 2009, 49 (4): 455 – 478.

[137] Luo Y, Shenkar O, Nyaw M K. Mitigating liabilities of foreignness: Defensive versus offensive approaches [J]. Journal of International Management, 2002, 8 (3): 283 – 300.

[138] Luo Y. New OLI advantages in digital globalization [J]. International Business Review, 2021, 30 (2).

[139] Luo Y, Tung R L. International Expansion of Emerging Market Enterprises: A Springboard Perspective [J]. Journal of International Business Studies, 2007, 38 (4): 481 – 498.

[140] Luo Y, Xue Q, Han B. How Emerging Market Governments Promote Outward FDI: Experience from China [J]. Journal of World Business, 2010, 45 (1): 68 – 79.

［141］ Markusen J R. Multinationals, Multi-plant Economies, and the Gains from Trade ［J］. Journal of International Economics, 1984, 16 (3/4): 205 – 226.

［142］ Markusen J R. Multinational Firms and the Theory of International Trade, The MIT Press, 2002.

［143］ Maskus K E, Penubarti M. How trade-related are intellectual property rights? ［J］. Journal of International Economics, 1995, 39 (3 – 4): 227 – 248.

［144］ Mathews J A. Dragon multinationals: New players in 21st century globalization ［J］. Asia Pacific Journal of Management, 2006, 23 (1): 5 – 27.

［145］ Neubert M. The Impact of Digitalization on the Speed of Internationalization of Lean Global Startups ［J］. Technology Innovation Management Review, 2018, 8 (5): 44 – 54.

［146］ Nicholson. Intellectual Property Rights and International Technology Transfer: The Impact of Industry Characteristics, US Federal Trade Commission Manuscript, 2002.

［147］ Oliver C. Sustainable Competitive Advantage: Combining Institutional and Resource-based Views ［J］. Strategic Management Journal, 1997, 18 (9): 697 – 713.

［148］ Pan Y, Ma L, Wang Y, et al. How and what kind of cities benefit from the development of digital inclusive finance? Evidence from the upgrading of export in Chinese cities ［J］. Economic Research – Ekonomska Istrazivanja, 2022, 35 (1): 3949 – 4007.

［149］ Peng M W, Wang D L, Jiang Y. An Institution-based View of International Business Strategy: A focus on Emerging Economies ［J］. Journal of International Business Studies, 2008, 39 (5): 920 – 936.

［150］ Peng M W, Su W. Cross-listing and the Scope of the Firm ［J］.

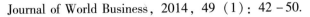
Journal of World Business, 2014, 49 (1): 42 - 50.

[151] Rodrik D, Trebbi S F. Institutions Rule: The Primacy of Institutions over Geography and Integration in Economic Development [J]. Journal of Economic Growth, 2004, 9 (2): 131 - 165.

[152] Sarma M, Pais J. Financial Inclusion and Development [J]. Journal of International Development, 2011, 23 (5): 613 - 628.

[153] Schumpeter, J. The Theory of Economic Development [M]. Cambridge: Harvard University Press, 1934.

[154] Scott, W. R. Institutions and organizations (Foundations for organizational science) [M]. London: SAGE Publications, 1995.

[155] Shi W, Sun S L, Yan D et al., Institutional Fragility and Outward Foreign Direct Investment from China [J]. Journal of International Business Studies, 2017, 48 (4): 452 - 476.

[156] Sun S L and Peng M W et al., Institutional Open Access at Home and Outward Internationalization [J] Journal of World Business, 2015, 50 (1): 234 - 246.

[157] The Economist. Logistics: The Flow of Things, for an Export Superpower, China Suffers from Surprisingly Inefficient Logistics, July, 2014.

[158] Todo Y. Quantitative Evaluation of the Determinants of Export and FDI: Firm-level Evidence from Japan [J]. The World Economy, 2011, 34 (3): 355 - 381.

[159] Ugur M, Trushin E, Solomon E. Inverted - U relationship between R&D intensity and survival: Evidence on scale and complementarity effects in UK data [J]. Research Policy, 2016, 45 (7): 1474 - 1492.

[160] Vernon R. International Investment and International Trade in the Product Cycle [J]. Quarterly Journal of Economics, 1966, 80 (2): 190 - 207.

［161］ Vernon R. The Product Cycle Hypothesis in A New International Environment ［J］. Oxford Bulletin of Economics and Statistics, 1979, 41 (4): 255 –267.

［162］ Wang C, Yi J, Kafouros M I, Yan Y. Under What Institutional Conditions do Business Groups Enhance Innovation Performance? ［J］. Journal of Business Research, 2015, 68 (3): 694 –702.

［163］ Westerlund M. Digitalization, Internationalization and Scaling of Online SMEs ［J］. Technology Innovation Management Review, 2020, 10 (4): 48 –57.

［164］ Witt M A, Lewin A Y. Outward Foreign Direct Investment as Escape Response to Home Country Institutional Constraints ［J］. Journal of International Business Studies, 2007, 38 (4): 579 –594.

［165］ Yamakawa Y, Peng M W, Deeds D L. What Drives New Ventures to Internationalize from Emerging to Developed Economies? ［J］. Entrepreneurship Theory & Practice, 2008, 32 (1): 59 –82.

［166］ Yang G, Maskus K E. Intellectual Property Rights, Licensing, and Innovation in An Endogenous Product-cycle Model ［J］. Journal of International Economics, 2001, 53 (1): 169 –187.

［167］ Young S, Hamill J, Wheeler C et al., International Market Entry and Development: Strategies and Management ［J］. Journal of Wildlife Diseases, 1989, 31 (2): 228 –32.

［168］ Zaheer S. Overcoming the Liability of Foreignness ［J］. Academy of Management Journal, 1995, 38 (2): 341 –365.

［169］ Zhou K, Poppo L. Exchange Hazards, Trust, and Contract in China: The Contingent Role of Legal Enforceability ［J］. Journal of International Business Studies, 2010, 41 (5): 861 –881.